高等职业教育财会类规划教材·立体化教学资源系列

企业纳税会计训练指导

胡爱萍　编著

電子工業出版社
Publishing House of Electronics Industry
北京·BEIJING

内 容 简 介

本书是高等职业教育财会类规划教材——工学结合项目化系列《企业纳税会计——项目教程》（第2版）的配套用书。本书选取企业常用税种，按照企业办税岗位的纳税工作流程，以项目为导向，设计企业常见涉税业务训练内容。全书分9个项目，项目1企业纳税会计训练准备，旨在明确训练目标、内容及考核标准，同时应对会计技能抽测；项目2～项目9为企业纳税会计训练实操，以企业纳税会计操作流程为主线，分税种进行税款计算、纳税申报及会计处理的训练操作。本书涵盖最新税收法律法规及会计准则，知识新、通俗实用，尤其是原始单据的高仿真性，给学生以真实的感受，真正实现知行合一、零距离接触工作实际。本书训练配有文字及视频讲解的二维码资源，满足学生学习及操作需要。

本书既可以作为高职高专会计、税务、审计等管理类专业会计实训教材，也可作为在职人员、经济工作者及纳税单位和有关从业人员的业务学习用书。

图书在版编目（CIP）数据

企业纳税会计训练指导/胡爱萍编著. —北京：电子工业出版社，2017.2
ISBN 978-7-121-27618-7

Ⅰ.①企… Ⅱ.①胡… Ⅲ.①企业管理-税收会计-高等职业教育-教学参考资料 Ⅳ.①F275.2

中国版本图书馆CIP数据核字（2015）第281559号

策划编辑：贾瑞敏
责任编辑：贾瑞敏
印　　刷：三河市双峰印刷装订有限公司
装　　订：三河市双峰印刷装订有限公司
出版发行：电子工业出版社
　　　　　北京市海淀区万寿路173信箱　　邮编　100036
开　　本：787×1 092　1/16　　印张：12.5　　字数：320千字
版　　次：2017年2月第1版
印　　次：2017年2月第1次印刷
印　　数：4 000册　　定价：35.00元

凡所购买电子工业出版社图书有缺损问题，请向购买书店调换。若书店售缺，请与本社发行部联系，联系及邮购电话：（010）88254888，88258888。

质量投诉请发邮件至zlts@phei.com.cn，盗版侵权举报请发邮件至dbqq@phei.com.cn。

本书咨询联系方式：（010）88254019，jrm@phei.com.cn。

前言
PREFACE

我国自2013年8月1日起，在全国范围内交通运输业和部分现代服务业的营业税改征增值税；自2014年1月1日起，将铁路交通和邮政业服务纳入营改增试点内容；自2014年6月1日起，电信服务也进行营改增，自2016年5月1日起，全国全面实行营业税转征增值税。另外，自2014年8月1日起，国家启用新版增值税专用发票、货物运输业增值税专用发票和增值税普通发票。自2015年起，全国各省份陆续开始实行营业执照、组织机构代码证和税务登记证三证合一。所有这些政策和税法的变化，都迫切要求对原来教材进行更新。为此，在电子工业出版社的大力支持下，对本套教材进行了修订。同时，本教材是中国智慧工程研究特色教育"十三五"规划科研项目（ZKY/60191）的中期成果，体现最新的法律、法规变化，突出了职业能力培养。

本次修订，将交通运输业、邮电业和现代服务业等营改增内容体现在训练内容中。将基本技能内容部分放入主教材，作为随堂练习，趁热打铁。删除税务登记的旧内容，增加三证合一新内容；删除营业税与纳税筹划实训内容，使得训练内容更简单易操作。并对其他训练所用的原始票证、单据都根据最新法律、法规进行了修改。

本教材修订后具有以下特点：

1. 内容前沿，实用好用。本教材根据最新税收法律、法规和规章制度对上一版教材进行修订，内容准确、表证单据高仿真，筛选中小企业办税岗位业务作为实训内容，突出岗位技能培养，与主教材理论知识无缝对接，边练边学，实现做中学的目标。

2. 工作导向，任务驱动。以真实的中小企业办税岗位工作内容作为工作任务，按工作过程安排实训内容，以完成典型工作任务（凭证、申报表、环节、步骤）为实训目标，注重过程训练，让学生在完成工作任务中学习知识、培养岗位技能，养成团结协作、诚信的会计职业素养。

3. 体系完整，资源丰富。本教材不仅包括纳税申报的全部内容，而且包括纳税申报前期准备工作内容和纳税申报实训考核标准内容，也可应对纳税技能抽测。对于难度大的实训内容增加了操作提示，并提供教学课件、课程标准等教学资源，便于教师教学参考。

本书由胡爱萍编著，在修订过程中参阅了不少实训教材，得到了有关专家、企业实务人员，以及任课老师的大力支持，另外，本实训第1版教材自2011年9月出版以来，得到了广大职业院校和广大读者的普遍认同和肯定，同时也得到了许多职业院校和读者的关心与支持，他们给教材提出了许多建设性的宝贵意见，在此一并谨表谢意！

书中单位名称为编者自编，如有雷同纯属巧合。由于编者水平有限，书中难免存在不妥之处，恳请读者批评指正。

胡爱萍
于湖南交通职业技术学院
2017年1月

目录

CONTENTS

项目 1　企业纳税会计训练准备

训练技能

1. 了解纳税会计工作的基本流程。
2. 明确纳税会计训练的意义。
3. 能达到训练书中明确规定的训练成果。

一、纳税会计训练目的与要求

（一）纳税会计训练目的

自 2005 年以来，国家大力发展职业教育，我国高职教育得到了很大程度的扩展，对我国经济发展、促进就业、改善民生起到了重要作用。国家中长期教育改革和发展规划纲要把职业教育摆在了更加突出的位置，强调“职业教育要面向人人、面向社会，着力培养学生的职业道德、职业技能和就业创业能力，以满足经济社会对高素质劳动者和技能型人才的需要。”教育部于 2012 年 11 月 6 日发布了《关于“十二五”职业教育教材建设的若干意见》［教职成（2012）9 号］，提出要以服务为宗旨，以就业为导向，以突出对接、提高质量、完善机制为重点，加强队伍建设、深化产教合作、实施精品战略、规范出版选用，全面提升职业教育教材建设水平；要加快教材内容改革，优化教材类型结构，在职业院校推行适应项目学习、案例学习等不同学习方式的教材。2014 年 6 月，全国职业教育工作会议明确提出要大力发展有中国特色的职业教育，并印发了《国务院关于加快发展现代职业教育的决定》，会议精神指明高等职业教育承担着我国调整经济结构、转变增长形势，走新型工业化道路，培养高素质技能型人才的重要使命。面对这一新形势，税务教学必须根据市场与社会需求，不断进行教研教改，重构教材内容，注重岗位能力培养，高度重视实践与实训环节的教学，开发能切实反映职业岗位能力标准，对接企业用人需求，适应新兴产业、新职业和新岗位要求，具有专业特色的教材。作为教学改革的主要载体的实训课程，是连接理论课程与岗位技能的重要桥梁。纳税会计训练应达到如下具体目标：

（1）能根据原始凭证甄别经济业务，填制涉税业务的记账凭证。

（2）能正确登记“应交税费”明细账。

（3）能准确计算各税种的应纳税额。

（4）能正确填报各税种纳税申报表，熟练进行网上报税程序的应用。

（5）能正确进行各税种涉税业务账务处理及代扣税业务账务处理。

（二）纳税会计训练要求

本训练分税种设计了具体企业某个月或者个纳税年度的经济业务，并提供了各种原始凭证（高仿真），要求学生在税务实训专业老师的指导下，利用学校会计实训室，完整、标准、正确地完成实训任务并提交申报表等实训成果。具体要求如下：

（1）每班分成5组，每组一名组长，负责小组的协调及考勤。

（2）要求每个学生都能根据实训资料提交记账凭证、账页、申报表实训成果。

（3）每个学生独立完成实训内容。

（4）要求学生遵守学校各项规章制度，不迟到、不早退，服从指导老师的安排，认真完成实训内容。

三、纳税会计训练时间安排

（一）实训日程安排表（见表1-1）

表1-1　实训日程安排表

时间	实训内容	指导老师、场地			
		上午8：30—12：00		下午14：30—16：30	
周一					
周二					
周三					
周四					
周五					

要求：（1）每天上午学生按实训资料要求进行操作，下午教师进行针对性点评答疑，撰写实习日志，如表1-2所示。

表1-2　______专业______班级学生实习卡片

姓名	
班级	
实习日期	年　　月　　日
指导老师	
实习内容	

（2）第五天下午对实训过程中发现的问题进行自我总结，并对自己掌握不好的地方进行记录和总结。

（二）设备及工具条件

凭证、账页、申报表、铅笔、黑（红）钢笔、橡皮、直尺、计算器等。

二、纳税会计训练成果与考核

（一）纳税会计训练成果

本次实训结束后，学生应提供如下资料：

1. 实训成果

① 账务处理成果（记账凭证）；

②“应交税费”账页（应交增值税明细账必须采用特种明细账）；

③ 纳税申报表（主表及相关附列资料）；

④ 财务报表（仅针对所得税内容训练，提供资产负债表、利润表）。

2. 实训日志

将每天实训内容及遇到的问题详细记录，于周五下午同实训总结一起上交指导老师。

3. 实训报告

要求详细介绍本人实习内容、完成的主要任务情况及本次实习的心得与体会，字数不少于1000字，用A4纸张打印并装订成册。

（二）纳税会计训练考核

1. 纳税会计考查的依据

实训过程考核，出勤情况，对相关知识的掌握程度，实际操作技术的熟练程度，分析问题和解决问题的能力，以及对设备维护的情况，实训报告的编写水平等。

训练成绩由以下三个方面来综合评定：

训练总成绩（100%）= 训练操作（70%）+出勤（20%）+训练报告（10%）

训练操作=凭证处理（50%）+账页登记（10%）+申报表的填制（40%）

2. 纳税会计训练评分细则

① 考核内容一，记账凭证评分细则（见表1-3）；

② 考核内容二，“应交税费”账页评分细则（见表1-4）；

③ 考核内容三　纳税申报表评分细则（见表1-5）。

表1-3　　考核内容一　记账凭证评分细则

评价内容	分　值	考　核　点	备注（出现以下情况按注明扣分）
职业素养	10分	1. 规范操作、桌面整齐、单据正确保管、书写字迹清晰、无挖、刮、擦等现象 2. 记账凭证处理程序清晰 3. 单据分类整理 4. 职业态度、合作交流情况	注明： 桌面混乱　-2分 出现挖、刮、擦等现象　-2分 与周围同学合作不顺利　-2分

续表

评价内容	分　值	考　核　点	备注（出现以下情况按注明扣分）
填写原始凭证	15 分	1. 增值税专用发票的开具 2. 普通发票的开具 3. 其他票据的开具	注明： 增值税发票的开具出现税率、金额、税额、价税合计、大小写不符情况（每种情况出现分别扣） −5 分 普通发票的开具出现单价、数量、金额、大小写不符情况（每种情况出现分别扣） −3 分 其他票据主要事项填制不正确（每种情况出现分别扣） −2 分
增值税的计算过程	20 分	1. 能否正确计算销项税额 2. 能否正确计算进项税额 3. 能否正确识别进项税额转出的金额 4. 能否正确计算应纳税额	注明： 销项税的销售额计算思路不正确 −5 分 进项税的销售额计算思路不正确 −5 分 进项税转出计算思路不正确 −5 分 应纳税额计算思路不正确 −3 分
填写记账凭证	5 分	1. 记账凭证的名称、日期、编号、内容摘要、附件张数、记账打钩等内容是否齐全； 2. 经济业务事项所涉及的会计科目及其记账方向运用是否正确； 3. 经济业务事项的金额填列是否正确； 4. 会计主管、记账、审核、出纳、制单等有关人员签章。	注明： 科目运用不正确 −2 分 借贷方向、金额不正确 −2 分
合计	50 分	正确处理记账凭证	老师根据学生操作过程酌情打分

表 1-4　　考核内容二　“应交税费”账页评分细则

评价内容	分值	考　核　点	备注（出现以下情况按注明扣分）
职业素养	5 分	1. 账页是否干净、整齐、书写字迹清晰、无挖、刮、擦等现象 2. 记账流程	注明： 账页混乱 −2 分 流程不清晰 −2 分
账页登记	15 分	1. 登账要素是否齐全 2. 账页借贷双方登记是否正确 3. 记账凭证是否打勾，是否有核对痕迹 4. 期末余额的计算是否正确	注明： 借贷双方记账错误 −3 分 无核对痕迹 −1 分 计算余额不正确 −2 分
合计	10 分	正确登账	老师根据学生操作过程酌情打分

表 1-5　　考核内容三　纳税申报表评分细则

评价内容	分值	考核点	备注（出现以下情况按注明扣分）
职业素养	5 分	1. 规范操作、申报表填写字迹清晰，准确 2. 是否按要求时间、地点、期限等填写 3. 职业态度、合作交流情况	注明； 申报表混乱　−2 分
申报表主表	20 分	1. 抬头资料 2. "销售额"部分 3. "税款计算"部分 4. "税款缴纳"部分 5. 签字、盖章等部分	注明： "销售额"部分计算不正确　−5 分 "税款计算"部分计算不正确　−5 分 "税款缴纳"部分计算不正确　−5 分
申报表附表	15 分	1. 抬头部分 2. 按适用税率征收增值税货物及劳务的销售额和销项税额明细 3. 简易办法征收增值税货物及劳务的销售额和销项税额明细 4. 申报抵扣的进项税额 5. 进项税额的转出 6. 待抵扣进项税额 7. 固定资产进项税额抵扣情况表 8. 其他	注明： 按适用税率征收增值税货物及劳务的销售额和销项税额明细计算不正确　−3 分 简易办法征收增值税货物及劳务的销售额和销项税额明细计算不正确　−3 分 4、申报抵扣的进项税额计算不正确　−3 分 5、进项税额的转出计算不正确计算不正确　−3 分 6、待抵扣进项税额计算不正确　−3 分 7、固定资产进项税额抵扣情况表计算不正确　−3 分
合计	40 分	正确处理纳税申报表	老师根据学生操作过程酌情打分

注：其他税种考核参照增值税考核

项目 2　企业纳税岗位基础与工作流程

训练 2-1　办税员岗位模拟竞聘

训练技能

熟悉企业纳税工作，做好上岗前准备。

流程介绍

企业纳税工作流程如图 2-1 所示。

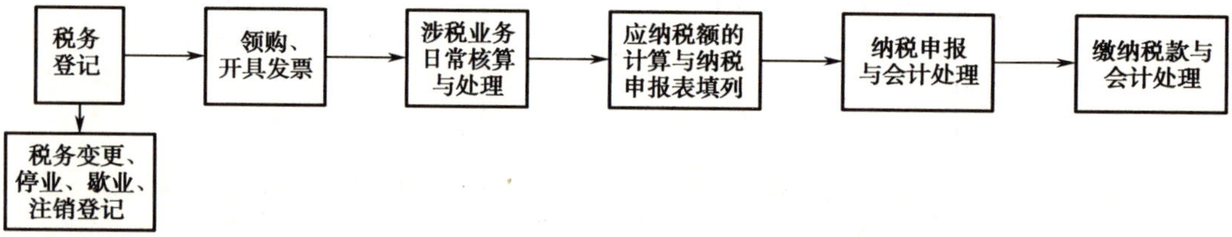

图 2-1　企业纳税工作流程

企业网上报税基本流程如图 2-2 所示。

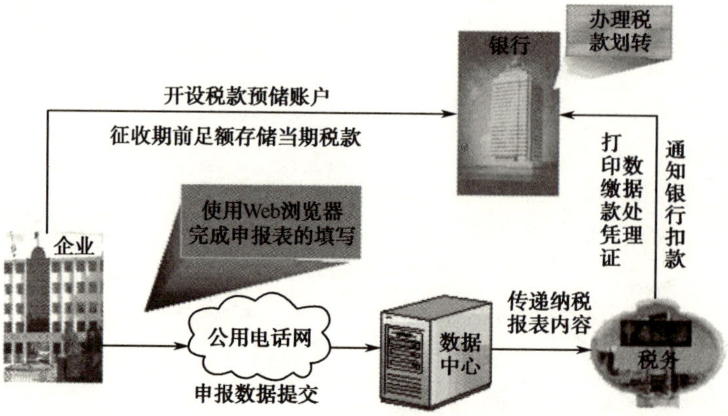

图 2-2　企业网上报税基本流程

组织学生到校外实习基地进行参观，号召学生利用课余时间走进工厂、企业、纳税大厅，与企业会计人员及税务人员座谈，熟悉国家税收相关政策与一般企业具体纳税事项。

训练成果

举办一场以“如何当好一名办税员”为题的办税员岗位模拟竞聘会。

课后谈税

想象中：你今年大学毕业（22 岁），找到了一份理想的工作（月收入超过了 7000 元），随着工作的努力，有了余钱，接着有了自己的城里小家，买了第一套新房，此时，你才刚满 30 岁，接着你又购了新车……你再想象，生活就是如此美好，单位离家并不远，那栋高楼大厦就是你单位的房产，你的单位还拥有车辆不下十辆（其中包括专程接送员工的班车）……

谈谈你所知道的税吧？

（1）普通个人：

月收入——个人所得税

个人房产——购买时，契税；办证时，印花税；入住出租时，房产税

（2）企业单位：

土地——城镇土地使用税、土地增值税

房屋建筑物——房产税、契税

车辆——车辆购置税、车船使用税

企业经营过程——流转税（增值税、消费税）

企业经营成果——所得税

“人的一生中离不开两件事，一是死亡，二是纳税”，作家富兰克林的话太有哲理了！

训练 2-2 税务登记

训练技能

1. 能够熟练办理新办企业开业税务登记。
2. 会办理增值税一般纳税人申请认定登记。

训练背景

湖南湘拓电线电缆有限公司是汨罗市新市镇黄金街一家机电产品制造企业，公司执行《企业会计准则》，公司所在地邮编 414007，联系电话 0730-6688268，生产经营地址同注册地

址：汨罗市新市镇黄金街。从业人数 120 人。公司 2017 年预计年销售额 800 万元。固定资产规模：1000 万元。公司采用《企业会计制度》进行财务核算，会计核算以人民币为记账本位币，采用借贷记账法。公司财务制度健全，按规定设置了总账、明细账、日记账等账簿，能准确核算增值税应纳税额。公司法定代表：王杨胜，财务负责人：李小国，会计（兼办税）：王毅。出纳：党舒。主管税务机关为汨罗市直属税务分局。请准备税务登记所需的资料，进行开业税务登记办理工作。

假定企业在 2017 年 1 月 24 日进行了公司设立登记，领取了载有 18 位的“统一社会信用代码”的营业执照，同时进行了办理增值税一般纳税人认定登记。税务机关核发的税务登记证载明单位统一社会信用码是 430101137636816888，企业编码为 00745568。

流程介绍

企业设立登记流程如图 2-3 所示。

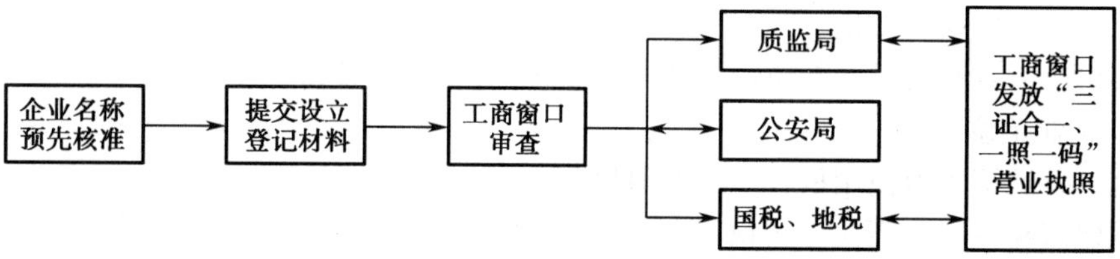

图 2-3　企业设立登记流程

课后谈税

企业设立登记办理

（1）受理专窗受理申请后，工商窗口按照登记审批程序，对工商登记申请材料齐全且符合法定形式的，做出准予设立登记核准，完成登记资料录入，将核准登记信息和相关申请材料扫描后上传至并联审批系统。

（2）质监窗口通过并联审批系统收到工商核准登记信息和相关申请材料后，办理组织机构代码登记，将组织机构代码发送至并联审批系统。

（3）国税、地税窗口通过并联审批系统收到工商、质监核准登记信息及相关申请材料后，办理税务登记，将税务登记证号发送至并联审批系统（不需要办理国税、地税登记的，由国税、地税部门将相关确认信息发送至并联审批系统）。

（4）受理专窗收到质监、国税、地税核准登记（或确认）信息后，打印颁发加载有统一社会信用代码的营业执照。

企业开业税务登记流程如图 2-4 所示。

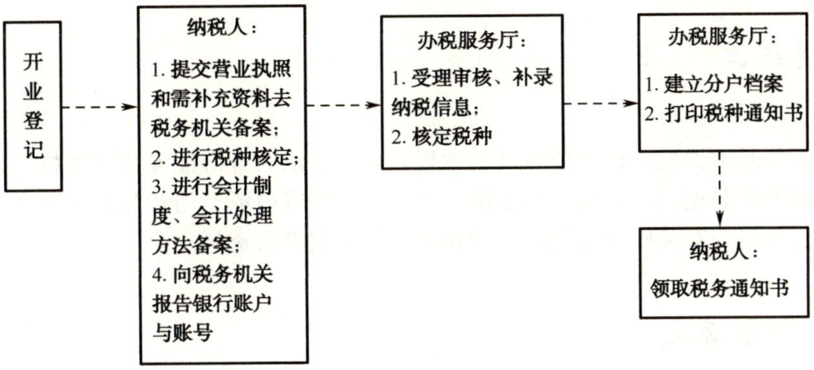

图 2-4　企业开业税务登记流程

课后谈税

（1）已办理了“三证合一”的企业在办理涉税事宜时，凭加载统一代码的营业执照可代替税务登记证使用。

（2）新办企业及换发证照的企业将取得工商登记部门核发的载有 18 位的“统一社会信用代码”的营业执照。该 18 位“统一社会信用代码”既是企业的工商登记号，又是税务登记号。

（3）“一照一码”营业执照可以在政府机关、金融、保险机构等部门证明其主体身份，办理刻章、纳税、房屋及车辆登记、银行开户、缴纳社保费等事务，相关部门都予以认可，并且全国通用。

（4）“三证合一”后的企业办理注销时，须先向税务主管机关申报清税，填写清零报告。

一般纳税人资格认定登记流程如图 2-5 所示。

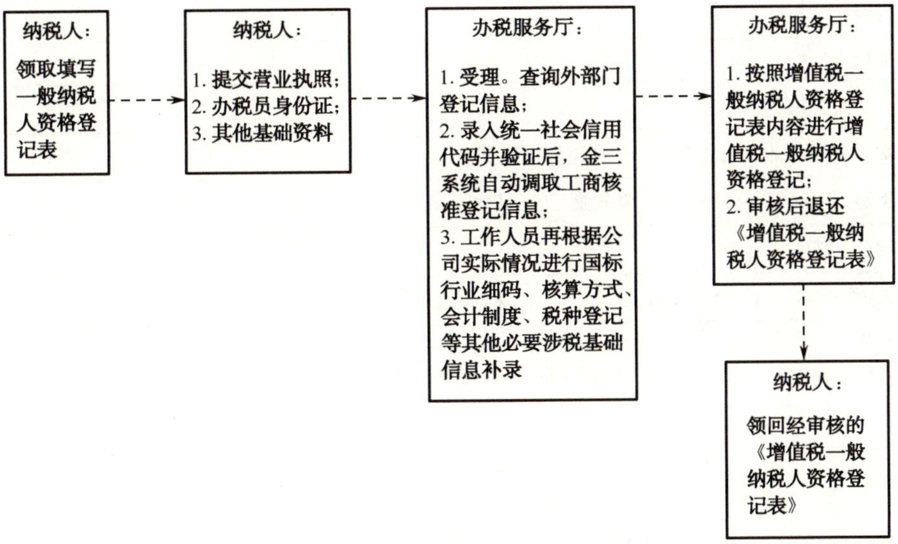

图 2-5　一般纳税人资格认定登记流程

备用物品

1. 熟悉单位基本情况，查看公司设立章程、合同、法人身份证等公司资料。
2. 准备好填开票据用品用具，如水笔，发票专用章或财务专用章等相关印章。
3. 根据税务机关有关税务登记的管理要求，按要求准备资料。

训练要求

全面复习《经济法》中有关发公司设立、变更与注销的基本知识，以及《税收管理》中有关税务登记事项的基本规定。

训练成果

领取并填报增值税一般纳税人资格登记表，如表 2-1 所示。

表 2-1　　增值税一般纳税人资格登记表

<table>
<tr><td>纳税人名称</td><td colspan="2"></td><td>纳税人识别号</td><td colspan="2"></td></tr>
<tr><td>法定代表人（负责人、业主）</td><td></td><td>证件名称及号码</td><td></td><td>联系电话</td><td></td></tr>
<tr><td>财务负责人</td><td></td><td>证件名称及号码</td><td></td><td>联系电话</td><td></td></tr>
<tr><td>办税人员</td><td></td><td>证件名称及号码</td><td></td><td>联系电话</td><td></td></tr>
<tr><td>税务登记日期</td><td colspan="5"></td></tr>
<tr><td>生产经营地址</td><td colspan="5"></td></tr>
<tr><td>注册地址</td><td colspan="5"></td></tr>
<tr><td colspan="6">纳税人类别：企业□ 非企业性单位□ 个体工商户□ 其他□</td></tr>
<tr><td colspan="6">主营业务类别：工业 □　商业 □　服务业 □　其他□</td></tr>
<tr><td colspan="6">会计核算健全：是□</td></tr>
<tr><td colspan="6">一般纳税人资格生效之日：当月 1 日 □　　　次月 1 日 □</td></tr>
<tr><td colspan="6">纳税人（代理人）承诺：
上述各项内容真实、可靠、完整。如有虚假，愿意承担相关法律责任。

经办人：　　法定代表人：　　代理人：　　（签章）
年　月　日</td></tr>
</table>

续表

以下由税务机关填写	
主管税务机关受理情况	受理人：　　　　主管税务机关（章） 年　月　日

填表说明：1. 本表由纳税人如实填写。

2. 表中“证件名称及号码”相关栏次，根据纳税人的法定代表人、财务负责人、办税人员的居民身份证、护照等有效身份证件及号码填写。

3. 表中“一般纳税人资格生效之日”由纳税人自行勾选。

4. 主管税务机关（章）指各办税服务厅业务专用章。

5. 本表一式二份，主管税务机关和纳税人各留存一份。

训练 2-3　发票领购与开具

训练技能

1. 能够熟练办理发票领购手续。
2. 能够正确开具增值税专用发票。

训练背景

1. 企业概况

（1）企业名称：湖南湘拓电线电缆有限公司。

（2）营业执照上统一社会信用代 码：4301101137636816888。

（3）开户行：工行汨罗香樟分理处。

（4）账号：180100112200100888。

（5）地址：汨罗市新市镇黄金街。

（6）办税员（兼开票员）：王毅，身份证号码：430111198706124016。

2. 经济业务说明

单位需要领购发票（于 2017 年 3 月 6 日办理发票领购业务）。

（1）种类：增值税普通发票、增值税专用发票。

（2）用量：普通发票月估量为 200 份/月，核定为万元版三联票，每次申领 200 份，主要用于零售业务（估计用量 200 份）；增值税专用发票月估量为 200 份/月，每次申领 200 份，专用发票依业务量大小被核定使用十万元版三联电脑票。

流程介绍

初始领购发票流程如图 2-6 所示。

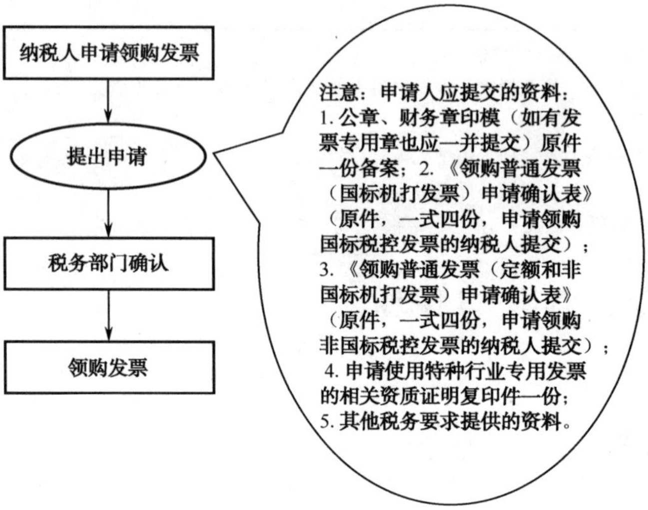

图 2-6　初始领购发票流程

课后谈税

税务机关是发票的主管机关，负责发票印制、领购、开具、取得、保管、缴销的管理和监督。国家税务总局统一负责全国发票管理工作。国家税务总局省、自治区、直辖市分局和省、自治区、直辖市地方税务局（以下统称省、自治区、直辖市税务机关）依据各自的职责，共同做好本行政区域内的发票管理工作。

发票领用方式有三种：批量供应，适合一些用票量较大的企业；交旧验新，用票单位交回旧发票存根，经主管税务机关审核后留存，方可购买新发票；验旧购新，用票单位提供上次发票存根联经由主管税务机关审核后方可购买新发票，适合经营规模大，用票量多，且财务制度健全、诚信纳税的单位。

税控开票业务流程如图 2-7 所示。

开票子系统基本操作流程主要包括以下几个环节。

1. 准备工作

（1）开票前的准备工作：

注册→登录→系统初始化→结束初始化→登记企业税务信息→编码设置

注意：初始化操作只有在初次安装使用时才必须进行，一旦用户已经正常使用后就不需再做，否则会造成数据丢失；登记企业税务信息的操作一般也是在初次登录时进行，正常使用后如果本企业税务信息不发生变更就无需再登记。

（2）日常使用中的准备工作：登录→编码维护

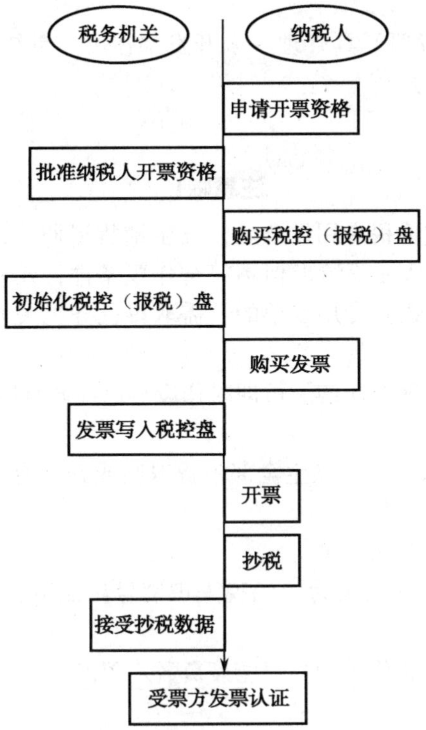

图 2-7　税控开票业务流程

2. 购买并读入发票

3. 开具发票

（1）开具正数专用发票：

进入系统→发票管理→发票开具管理→发票填开→发票号码确认→进入“专用发票填开”界面→填写购货方信息→填写商品信息→打印发票

（2）开具带销货清单的专用发票：

进入系统→发票管理→发票开具管理→发票填开→发票号码确认→进入“专用发票填开”界面→填写购货方信息→单击“清单”按钮→进入销货清单填开界面→填写各条商品信息→单击“退出”返回发票界面→打印发票→在“已开发票查询”中打印销货清单

（3）开具带折扣的专用发票：

进入系统→发票管理→发票开具管理→发票填开/销货清单填开→选择相应商品行→设置折扣行数→设置“折扣率”或“折扣金额”→打印发票

（4）开具负数（红字）专用发票：

进入系统→发票管理→发票开具管理→发票填开→发票号码确认→进入“专用发票填开”界面→单击“负数”按钮→填写相应的正数发票的号码和代码→系统弹出相应的正数发票的信息，确定→系统自动生成负数发票→打印发票

4. 开具增值税作废专用发票

（1）已开发票作废：

进入系统→发票管理→发票开具管理→已开发票作废→选择欲作废的发票号码→

单击“作废”按钮→系统弹出“作废确认”提示框→确定→作废成功

（2）未开发票作废：

进入系统→发票管理→发票开具管理→未开发票作废→系统弹出“未开发票作废号码确认”提示框→确定→作废成功

课后谈税

注意啦！

（1）一般纳税人开具增值税专用发票后，发生销货退回、开票有误、应税服务中止及发票抵扣联、发票联均无法认证等情形但不符合作废条件，或者因销货部分退回及发生销售折让，需要开具红字（负数）专用发票的，需取得税务机关系统校验通过的《开具红字增值税专用发票信息表》方能开具。

（2）开具专用发票时发现有误的，可即时作废。已经开具的专用发票需要即时作废的，必须同时满足以下条件：

① 当月开具的专用发票，当月发生全部销货退回或开票有误等情形，且当月收回发票联、抵扣联；

② 销售方未抄税并且未记账；

③ 购买方未认证或者认证结果为“纳税人识别号认证不符”“专用发票代码、号码认证不符”。

已报税的专用发票是不能作废的！只能开负数发票冲红！

备用物品

1. 符合税务机关要求的开票专用设备。
2. 发票领购薄、发票专用章或财务专用章等相关印章。

训练要求

1. 全面复习《出纳实务》中有关发货票填开的基本知识，以及《税收管理》中有关发货票和税收票证开具的基本规定。

2. 掌握增值税专用发票的开具要求、方法

（1）“单价”“金额”栏填写不含税单价、金额，并加盖销售方的财务专用章或发票专用章。

（2）汇总开具增值税专用发票。销售货物品种较多的，可以汇总开具专用发票。

（3）开具增值税专用发票，必须在“金额”“税额”栏合计前用“￥”符号封顶，在“价税合计”栏大写合计数前用“X”封顶。

（4）购货单位必须详细填写，不得简写。

（5）“税率”栏按适用的税率填写。

训练成果

1. 普通发票的领购

凭税务登记证副本到主管税务机关领取并填写普通发票领购簿申请审批表（见表2-2），同时提交如下材料：经办人身份证明（居民身份证或护照）、财务专用章或发票专用章印模及主管税务机关要求报送的其他材料。

表2-2　　普通发票领购簿申请审批表

纳税人识别号：

企业编码：

纳税人名称：

发票名称	联次	金额版	文字版	数量	每月用量

申请理由： 申请人签章： 办税人员签章：　　年　月　日	申请人财务专用章或发票专用印模用章	

以下税务机关填写

发票名称	规格	联次	金额版	文字版	数量	每次限购数量
购票方式				保管方式		

主管税务机关发票管理环节审批意见：

（公章）

负责人：　　经办人：　　年　月　日

注：① 本表系纳税人初次购票前及因经营范围变化等原因，需增减发票种类数量时填写；

② 经审批同意后，有关发票内容填写在《普通发票领购簿》中；

③ 此表不作为日常领购发票的凭据；

④ 此表一式二份，一份纳税人留存，一份税务机关留存。

2. 增值税专用发票的领购

已经认定的增值税一般纳税人，凭增值税一般纳税人资格登记表，到主管税务机关发票管理环节领取并填写增值税专用发票领购簿申请书（见表2–3）。然后提交下列资料：①领取增值税专用发票领购簿申请书；②盖有增值税一般纳税人确认专用章的工商登记证副本；③办税员的身份证明；④财务专用章或发票专用章印模；⑤领取最高开票限额申请表（见表2–4）。

表2–3　　领取增值税专用发票领购簿申请书

________国家税务局：　　　　企业编码：□□□□□□□

我单位已于______年______月______日被认定为增值税一般纳税人。

纳税人识别号：□□□□□□□□□□□□□□□□□□

现申请购买增值税专用发票。

发票名称	发票代码	联次	每次领购最大数量
			本/份
			本/份
			本/份

为做好专用发票的领购工作，我单位特指定________（身份证号：　　　　　　）和________（身份证号：　　　　　　）____位同志为购票员。

我单位将建立健全专用发票管理制度。严格遵守有关专用发票领购、使用、保管的法律和法规。

法定代表人（负责人）（签章）。

申请单位（签章）

年　月　日

主管税务机关审核意见：

（公章）

年　月　日

主管税务机关审核意见：

（公章）

年　月　日

注：本表一式三份，一份纳税人留存，各级税务机关留存一份。

表 2-4

最高开票限额申请表

<table>
<tr><td rowspan="4">申请事项
（由企业填写）</td><td>企业名称</td><td></td><td>税务登记代码</td><td></td></tr>
<tr><td>地址</td><td></td><td>联系电话</td><td></td></tr>
<tr><td>申请最高
开票限额</td><td colspan="3">口一亿元　口一千万元　口　一百万元
口十万元　口 一万元　口　一千元</td></tr>
<tr><td colspan="4">经办人（签字）；　企业（印章）；
年　月　日　年　月　日</td></tr>
<tr><td>区县级税务
机关意见</td><td colspan="4">批准最高开票限额：
经办人（签字）　批准人（签字）；　税务机关（印章）
年　月　日　年　月　日　年　月　日</td></tr>
<tr><td>地市级税务
机关意见</td><td colspan="4">批准最高开票限额：
经办人（签字）　批准人（签字）；　税务机关（印章）
年　月　日　年　月　日　年　月　日</td></tr>
<tr><td>省级税务
机关意见</td><td colspan="4">批准最高开票限额：
经办人（签字）　批准人（签字）；　税务机关（印章）
年　月　日　年　月　日　年　月　日</td></tr>
</table>

注：本申请表一式两联；第一联，申请企业留存；第二联，区县级税务机关留存。

3. 开具增值税专用发票

2017 年 3 月 11 日销售给武汉华瑞有限责任公司三相异步电动机（YC-2 型号）共 150 台，不含税单价为价款 568 元/台，销售单如表 2-5 所示，开具增值税专用发票（见表 2-6）。

表 2-5

湖南湘拓电线电缆有限公司产品销售单

2017 年 3 月 11 日　单位：元　NO 000676

<table>
<tr><td rowspan="2">购货单位</td><td>名称</td><td>武汉华瑞有限责任公司</td><td colspan="2">纳税人登记号</td><td colspan="2">420104856706081123</td></tr>
<tr><td>地址、电话</td><td>武汉市宝丰路 18 号，电话：027－81783572</td><td colspan="2">开户银行及账号</td><td colspan="2">建行宝丰分理处
85475608000011892</td></tr>
<tr><td colspan="2">货物或劳务名称</td><td>规格型号</td><td>计量单位</td><td>数量</td><td>单价（不含税）</td><td>金　额</td></tr>
<tr><td colspan="2">三相异步电动机</td><td>YC-2 型号</td><td>台</td><td>150</td><td>568.00</td><td>85 200.00</td></tr>
<tr><td colspan="2">合计</td><td></td><td></td><td></td><td></td><td>85 200.00</td></tr>
<tr><td colspan="3">销售方式</td><td colspan="4">赊销，合同约定的收款时间为 2016 年 12 月 02 日</td></tr>
</table>

表 2-6

湖南增值税专用发票

4300173130　　　　№ 00120572　　4300173130 00120572

校验码 62172 24587 37865 34685　此联不作报销、扣税凭证使用

开票日期：

购货单位	名　　称： 纳税人识别号： 地 址、电 话： 开户行及账号：	密码区	362/+*/3-6*90<**-22-9970*0> 416*/62+36+84464374-987+882 86<//192</415*40<5+104904*/ 642>739*/62+36+84464374/0-5

货物或应税劳务名称	规格型号	单位	数 量	单 价	金　额	税率	税　额
合　　计							
价税合计（大写）	⊕				（小写）		

销货单位	名　　称： 纳税人识别号： 地 址、电 话： 开户行及账号：	备注	

收款人：　　复核：　　开票人：　　销货单位：（章）

国税函〔2017〕

第一联：记账联 销货方记账凭证

4. 开具增值税红字专用发票

2017 年 5 月 10 日，上月销售给武汉华瑞有限责任公司三相异步电动机（YS-2 型号），由于质量问题，对方退货 50 台。根据成品返修入库单（见表 2-7）及开具红字增值税专用发票通知单（见表 2-8），开具红字增值税专用发票（见表 2-9）。

表 2-7

成品返修入库单

2017 年 05 月 10 日

交库部门：业务销售处　　　　单位：元　　　　产成品库：返修 1 库

产品名称	计量单位	实收数量	单位成本	实际成本	备注
三相异步电动机（YS-2 型号）	台	50	409.15	20 457.50	武汉华瑞有限责任公司退货
合计		50		20 457.50	

记账：李蓬　　主管：汤燕　　保管：李文　　交库：彭静

表 2-8

开具红字增值税专用发票通知单

填开日期：2017 年 05 月 6 日　　　　单位：元　　　　NO.0187

销售方	名　称	湖南湘拓电线电缆有限公司	购买方	名　称	武汉华瑞有限责任公司
	税务登记代码	430110113763681688 8		税务登记代码	420104856706081123
开具红字发票内容	货物（劳务）名称	单价	数量	金额	税额
	三相异步电动机（YC-2 型号）	450 元/台	50 台	22 500.00	3 825.00
	合计			￥22 500.00	
说明	需要作进项税额转出☑ 不需要作进项税额转出☐ 纳税人识别号认证不符☐ 专用发票代码、号码认证不符☐ 对应蓝字专用发票密码区内打印的代码：________ 号码：________ 开具红字专用发票理由： **20 台 YS-2 型三相异步电动机无接地线，30 台 YS-2 型三相异步电动机的绝缘体材料质量不合国标**				

武汉市宝丰区国家税务局四分局

经办人：刘峨山　　　负责人：章程　　　主管税务机关名称（印章）：

注：① 本通知单一式三联：第一联，购买方主管税务机关留存；第二联，购买方送交销售方留存；第三联，购买方留存。

② 通知单应与申请单一一对应。

③ 销售方应在开具红字专用发票后到主管税务机关进行核销。

表 2-9　　　　**增值税专用发票（用于开具红字发票）**

湖南增值税专用发票　　№ 00120581

4300173130　　　　　　　　4300173130
00120572

此联不作报销、扣税凭证使用

校验码 62172 24587 37865 34685　　　　开票日期：

购货单位	名　称： 纳税人识别号： 地 址、电 话： 开户行及账号：			密码区	362/+*/3-6*90<**-22-9970*0> 416*/62+36+84464374-987+882 86<//192</415*40<5+104904*/ 642>739*/62+36+84464374/0-5		
货物或应税劳务名称	规格型号	单位	数量	单价	金额	税率	税额
合　计							
价税合计（大写）	⊕			（小写）			
销货单位	名　称： 纳税人识别号： 地 址、电 话： 开户行及账号：			备注			

收款人：　　　复核：　　　开票人：　　　销货单位：（章）

国税函〔2017〕562号北京印钞厂

第一联：记账联 销货方记账凭证

课后谈税

发票的开具时间

开具发票的单位和个人必须在发生经营业务确认营业收入时开具发票，未发生经营业务一律不准开具发票。发票应按以下规定时限开具，不得提前或滞后。

（1）采用预收账款、托收承付、委托银行收款结算方式的，为货物发出的当天。

（2）采用交款提货结算方式的，为收到货款的当天。

（3）采用赊销、分期收款结算方式的，为合同约定的收款日期的当天。

（4）将货物交付他人代销，为收到受托人送交的代销清单的当天。

（5）设有两个以上机构并实行统一核算的纳税人，将货物从一个机构移送其他机构用于销售，按规定应当征收增值税的，为货物移送的当天。

（6）将货物作为投资提供给其他单位或个体经营者，为货物移送的当天。

（7）将货物分配给股东，为货物移送的当天。

项目 3　企业增值税业务训练

训练 3-1　一般纳税人增值税核算与纳税申报

训练技能

1. 会计算一般纳税人的应缴增值税额。
2. 能准确进行增值税一般纳税人的增值税会计处理。
3. 会准确填写增值税纳税申报表及相关附表，并能进行增值税网上申报工作。

训练背景

1. 企业概况

黄河有限责任公司是长沙市一家机械制造企业，为增值税一般纳税人，适用税率为 17%，上期留抵的增值税额为 27 800 元，公司执行《企业会计准则》，存货按实际成本计价，附设非独立核算食品加工厂，加工旺望膨化食品。该公司的基本资料如表 3-1 所示。

表 3-1　　“原材料”明细账户 2017 年 5 月初余额　　单位：元

材料名称	计量单位	数　量	单位成本	金　额
铜	kg	2 400	50	120 000
铝	kg	6 400	12	76 800
螺纹钢	T	8	3005	24040

开户银行：中国工商银行长沙市分行香樟分理处

账号：18000112200100888

纳税人识别号：280602002234678123

主管国税机关：长沙市国家税务局五分局

主管地税机关：长沙市地方税务局五分局

经营地址：长沙市解放街 208 号

电话：0731—83133666

注册资本：5 000 万元人民币

法定代表人：郭朝阳

财务主管：李林

会计：赵星，办税员：张山，出纳员：陈洁

职工人数：1200 人

2. 经济业务说明

假设黄河有限责任公司 5 月份取得的专用发票，收购凭证均已办理认证。公司 2017 年 5 月份的增值税纳税申报表于 2017 年 6 月 8 日报出。

训练程序

1. 增值税专用发票认证流程（见图 3-1）

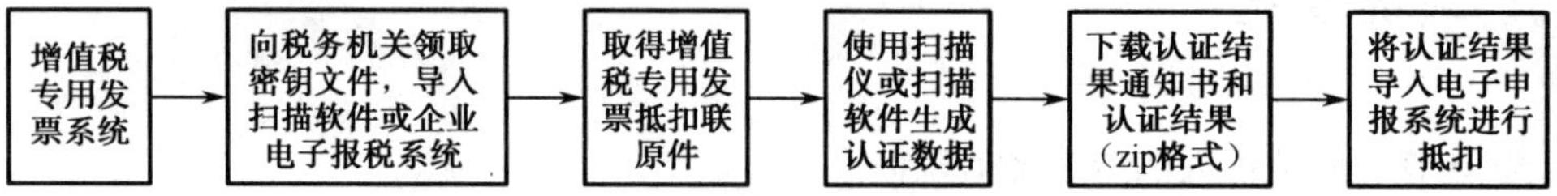

图 3-1　增值税专用发票认证流程

提示

如果您的企业通过扫描系统/电子申报采集发票数据并生成报盘文件，请上传文件进行认证。同时，为确保您取得的专用发票能及时通过认证和抵扣税款，对无法通过网上认证的发票，请按有关规定于当月内携票到主管税务机关进行扫描认证。

2. 远程抄报税具体流程

以航天信息税控发票开票软件（金税盘版）V2. 0. 10 抄报税流程为例进行说明。

（1）远程抄报：远程抄报实现既抄税又报税的功能，系统提示已到报税期，可直接远程抄报，远程抄报默认抄税到金税盘中：

报税处理→远程抄报→确定→完成网上申报并获取“回执”→远程清卡→确定

（2）办税厅抄报：报税处理→办税厅抄报→选择要抄税的票种→选择抄报介质后“抄税”

3. 电子申报流程

电子申报提供两种申报方式，一种是直接通过软件进行网上申报，另一种是将申报表生成申报文件导出到介质中进行手工申报。电子申报模块提供对申报表的填写、校验、导出、申报等功能操作。

电子申报的操作流程如图 3-2 所示。

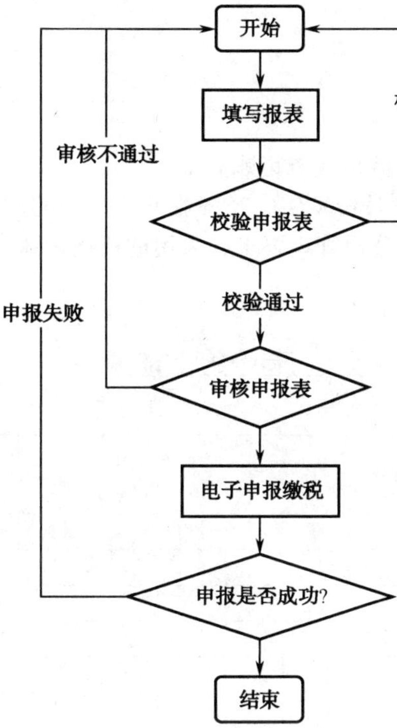

图 3-2　电子申报的操作流程

备用物品

1. 记账凭证：学生自备。

2. 会计账簿：总分类账、三栏式明细账、多栏式增值税专用明细账。

3. 工作底稿：增值税应纳税额汇总计算表。

4. 纳税申报表：增值税纳税申报表、增值税纳税申报表附列资料（一）（二）（三）（四）（五）、固定资产（不含不动产）进项税额抵扣情况表、本期抵扣进项税额结构明细表、增值税减免税申报明细表（五）。

训练要求

1. 全面复习增值税法、增值税涉税业务的会计处理方法、增值税涉税账户录入方法，以及增值税专用发票管理规定。

2. 将训练操作过程视同从事实际工作，务必做到亲自动手，并且认真、严谨，做到笔笔清晰、字字端正、数据准确。

训练成果

1. 根据原始凭证，编制增值税涉税业务记账凭证

以制单员的身份审核2017年5月份发生的经济业务所取得的原始凭证，并据此编制每笔增值税涉税业务的记账凭证（按照公司管理要求，采用的通用记账凭证形式参见表3-2）。

表 3-2

记 账 凭 证

年 月 日　　　　字 号

摘要	总账科目	明细分类科目	✓	借方金额										✓	贷方金额									
				千	百	十	万	千	百	十	元	角	分		千	百	十	万	千	百	十	元	角	分
合		计																						

附单据 张

财务主管　　记账　　出纳　　审核　　制单

【业务 1】

表 3-3

湖南增值税专用发票　　№ 05000487

抵扣联

4300173120　　4300173120　05000487

校验码 62172 24587 37865 34685　　开票日期：2017年5月2日

购货单位	名　　称：黄河有限责任公司 纳税人识别号：280602002234678123 地 址、电 话：长沙市解放街208号 0731-3133666 开户行及账号：工行长沙香樟分行 180100112200100888	密码区	497/+*/3-6*90<**-22-9970*0> 416*/62+36+84464374-987+882 86</192</415*40<5+102304*/ 642>739*/62+36+84464374/0-5

货物或应税劳务名称	规格型号	单位	数 量	单 价	金 额	税率	税 额
螺纹钢	¢20	吨	15	3000.00	45 000.00	17%	7 650.00
合　　计					¥45 000.00		¥7 650.00
价税合计（大写）	⊕伍万贰仟陆佰伍拾元整					（小写）¥52 650.00	

销货单位	名　　称：株洲市物资公司 纳税人识别号：170802002268152321 地 址、电 话：株洲市建设路83号 0731-23133895 开户行及账号：工行株洲分行 180100110220002053	备注	株洲市物资公司 170802002268152321 发票专用章

收款人：　　复核：　　开票人：丁一杰　　销货单位：（章）

国税函〔2017〕562号北京印钞厂

第二联：抵扣联 购货方、扣税凭证

表 3-4

湖南增值税专用发票

发票联

4300173120　　№ 05000487　　4300173120 05000487

校验码 62172 24587 37865 34685　　开票日期：2017 年 5 月 2 日

购货单位	名　　称：黄河有限责任公司 纳税人识别号：280602002234678123 地 址、电 话：长沙市解放街 208 号 0731-3133666 开户行及账号：工行长沙香樟分行 180100112200100888	密码区	497/+*/3-6*90<**-22-9970*0> 416*/62+36+84464374-987+882 86<//192</415*40<5+102304*/ 642>739*/62+36+84464374/0-5

货物或应税劳务名称	规格型号	单位	数 量	单 价	金 额	税率	税 额
螺纹钢	¢20	吨	15	3000.00	45 000.00	17%	7 650.00
合　　计					¥45 000.00		¥7 650.00
价税合计（大写）	⊕伍万贰仟陆佰伍拾元整					（小写）¥52 650.00	

销货单位	名　　称：株洲市物资公司 纳税人识别号：170802002268152321 地 址、电 话：株洲市建设路 83 号 0731-23133895 开户行及账号：工行株洲分行 180100110220002053	备注	株洲市物资公司 170802002268152321 发票专用章

收款人：　　复核：　　开票人：丁一杰　　销货单位：（章）

国税函〔2017〕562号北京印钞厂

第三联：发票联 购货方记账凭证

表 3-5

中国工商银行

转账支票存根

10201320

VIV 00105455

附加信息

出票日期　2017 年 5 月 2 日

收款人：株洲市物资公司
金 额：¥52 650.00
用 途：付材料款

单位主管　　会计

长沙市石钞证券印制有限责任公司·2017年印制

表 3-6

湖南增值税专用发票

抵扣联

4300173120　　№ 00010265　　4300173120　00010265

校验码 62172 24587 37865 25365　　开票日期：2017年5月2日

购货单位	名　　称：黄河有限责任公司 纳税人识别号：280602002234678123 地 址、电 话：长沙市解放街208号 0731-3133666 开户行及账号：工行长沙香樟分行 180100112200100888				密码区	456/+*/3-6*90<**-22-9970*0> 416*/62+36+84464374-987+882 86<//192</415*40<5+102304*/ 642>739*/62+36+81141374/0-5		
货物或应税劳务名称	规格型号	单位	数量	单价	金额	税率	税额	
运费					810.81	11%	89.19	
合　计					¥810.81		¥89.19	
价税合计（大写）	⊕玖佰元整				（小写）¥900.00			
销货单位	名　　称：湖南长沙路通运输公司 纳税人识别号：4301223965837777 地 址、电 话：长沙市长虹道20号 0731-2136542 开户行及账号：工行长沙分行 1800100125402305623				备注	湖南长沙路通运输公司 4301223965837777 发票专用章		

收款人：　　复核：　　开票人：陈浩　　销货单位：（章）

国税函〔2017〕562号北京印钞厂

第二联：抵扣联 购货方、扣税凭证

表 3-7

湖南增值税专用发票

发票联

4300173120　　№ 00010265　　4300173120　00010265

校验码 62172 24587 37865 25365　　开票日期：2017年5月2日

购货单位	名　　称：黄河有限责任公司 纳税人识别号：280602002234678123 地 址、电 话：长沙市解放街208号 0731-3133666 开户行及账号：工行长沙香樟分行 180100112200100888				密码区	456/+*/3-6*90<**-22-9970*0> 416*/62+36+84464374-987+882 86<//192</415*40<5+102304*/ 642>739*/62+36+81141374/0-5		
货物或应税劳务名称	规格型号	单位	数量	单价	金额	税率	税额	
运费					810.81	11%	89.19	
合　计					¥810.81		¥89.19	
价税合计（大写）	⊕玖佰元整				（小写）¥900.00			
销货单位	名　　称：湖南长沙路通运输公司 纳税人识别号：4301223965837777 地 址、电 话：长沙市长虹道20号 0731-2136542 开户行及账号：工行长沙分行 1800100125402305623				备注	湖南长沙路通运输公司 4301223965837777 发票专用章		

收款人：　　复核：　　开票人：陈浩　　销货单位：（章）

国税函〔2017〕562号北京印钞厂

第三联：发票联 购货方记账凭证

表 3-8

收　料　单

材料科目：原材料
材料类别：螺纹钢　　　　　　　　　　　　编号：001
加工单位：株洲市物资公司　　2017 年 5 月 2 日　　仓库：3 号仓库

材料名称	编号	规格	单位	数量		实际成本（元）			
				应收	实收	单价	材料成本	运费	合计
螺纹钢	001	¢20	吨	15	15	3510	52650.00	900.00	53550.00
备注：	螺纹钢加工完毕，验收入库				合计：¥53550.00 元				

第二联 会计部门记账

采购人：　　检验员：赵安康　　记账员：　　保管员：叶志明

【业务 2】

表 3-9

4300173120　　湖南增值税专用发票　　№ 00125864　　4300173120 00125864

此联不作报销、扣税凭证使用

校验码 62172 24587 37865 34685　　开票日期：2017 年 5 月 2 日

购货单位	名称：湘潭恒大有限责任公司 纳税人识别号：360801001112248122 地址、电话：湘潭市人民路 17 号 0731-52778086 开户行及账号：工行湘潭分行 150200683322006688	密码区	378/*1/3-6*90<**-22-9970*0> 416*/62+36+87685174-987+882 86<//192</415*40<5+104904*/ 642>739*/62+36+84464374/0-5

货物或应税劳务名称	规格型号	单位	数量	单价	金额	税率	税额
螺纹钢	WJ-55	台	500	800.00	400 000.00	17%	68 000.00
合计					¥400 000.00		¥68 000.00
价税合计（大写）	⊕肆拾陆万捌仟元整				（小写）¥468 000.00		

销货单位	名称：黄河有限责任公司 纳税人识别号：280602002234678123 地址、电话：长沙市解放街 208 号 0731-83133666 开户行及账号：工行长沙香樟分理处 180100112200100888	备注	黄河有限责任公司 280602002234678123 发票专用章

收款人：　　复核：　　开票人：王那杰　　销货单位：（章）

国税函[2017]562号北京印钞厂

第一联：记账联 销货方记账凭证

表 3-10

代垫运费清单			
日期：2017 年 5 月 2 日			
单位名称	湘潭恒大有限责任公司	代垫费用项目	运费
金　额	人民币（大写）壹仟贰佰元整		¥1 200.00
内容：甲型号电机产品500台铁运运费			附单据
			2 张
备注			

表 3-11

黄河有限责任公司送货单

购货单位：湘潭恒大有限责任公司　　2017 年 5 月 2 日　　单位：元

名称用规格	单　位	数　量	单　价	总 售 价	客户信息
甲号电机（WJ—55）	台	500.00	936.00	468 000.00	单位地址：湘潭市人民路 17 号 073152778086，工行湘潭分行 150200683322006688
合　计				468 000.00	

会计：赵星　　业务员：张智　　复核：黄超　　发货：王忠　　制单：黄超

表 3-12

长沙市石钞证券印制有限责任公司 · 2017年印制

中国工商银行
转账支票存根
10201320
VIV 00105456

附加信息

出票日期　2017 年 5 月　2 日

收款人：	湘潭货运公司
金　额：	¥1200.00
用　途：	运费

单位主管　　　会计

表 3-13

托收凭证（受理回单） 1

受托日期 2017 年 5 月 3 日

业务类型	委托收款（☐ 邮划、☐ 电划） 托收承付（☐ 邮划、☐ 电划）				
付款人	全称	湘潭恒大有限责任公司	收款人	全称	黄河有限责任公司
	账号	15020083322006688		账号	18010011220010088 8
	地址	湖南省湘潭市　开户行　工行湘潭分行		地址	湖南省长沙市　开户行　工行香樟分行

金额	人民币（大写）	亿	千	百	十	万	千	百	十	元	角	分
	肆拾陆万玖仟贰佰元整			¥	4	6	9	2	0	0	0	0

款项内容	货款	托收凭据名称	发票合同	附寄单证张数	4
商品发运情况			合同名称号码		
备注：铁运 2017-3525 复核：　记账：	款项收妥日期 年　月　日		工商银行香樟分行 2017.05.03 转讫 年　月　日		

此联作收款人开户银行给收款人的受理回单

表 3-14

托收凭证（汇款依据或收账通知） 4

受托日期 2017 年 5 月 3 日　　付款期限　年　月　日

业务类型	委托收款（☐ 邮划、☐ 电划） 托收承付（☐ 邮划、☐ 电划）				
付款人	全称	湘潭恒大有限责任公司	收款人	全称	黄河有限责任公司
	账号	15020083322006688		账号	18010011220010088 8
	地址	湖南省湘潭市　开户行　工行湘潭分行		地址	湖南省长沙市　开户行　工行香樟分行

金额	人民币（大写）	亿	千	百	十	万	千	百	十	元	角	分
	肆拾陆万玖仟贰佰元整			¥	4	6	9	2	0	0	0	0

款项内容	货款	托收凭据名称	发票合同	附寄单证张数	4
商品发运情况			合同名称号码		
备注：铁运 2017-3525 复核：　记账：	上列款项已划回收入你方账户 收款人开户银行签章 2017 年 5 月 3 日		工商银行香樟分行 2017.05.03 转讫		

此联付款人开户行凭以汇款或收款人开户行作收账通知

【业务 3】

表 3–15

湖南增值税专用发票

抵扣联

4300173120 № 00120526 4300173120 00120526

校验码 62172 24587 37865 34685 开票日期：2017 年 5 月 4 日

购货单位	名　　称：黄河有限责任公司 纳税人识别号：280602002234678123 地 址、电 话：长沙市解放街 208 号 0731-83133666 开户行及账号：工行长沙香樟分行 180100112200100888
密码区	362/+*/3-6*90<**-22-9970*0> 416*/62+36+84464374-987+882 86<//192</415*40<5+102304*/ 642>739*/62+36+84464374/0-5

货物或应税劳务名称	规格型号	单位	数 量	单 价	金 额	税率	税 额
电		度	46 000	1.10	50 600.00	17%	8 602.00
合　　计					¥50 600.00		¥8 602.00
价税合计（大写）	⊕伍万玖仟贰佰零贰元整				（小写）¥59 202.00		

销货单位	名　　称：长沙市电力局 纳税人识别号：430164624563302221 地 址、电 话：长沙市白沙路 443 号 0731-85912222 开户行及账号：建设银行潇湘支行 287636986543153212
备注	长沙市电力局 430164624563302221 发票专用章

收款人：　复核：　开票人：张夏　销货单位：（章）

国税函〔2017〕562号北京印钞厂

第二联：抵扣联 购货方、扣税凭证

表 3–16

湖南增值税专用发票

发票联

4300173120 № 00120526 430017310 00120526

校验码 62172 24587 37865 34685 开票日期：2017 年 5 月 4 日

购货单位	名　　称：黄河有限责任公司 纳税人识别号：280602002234678123 地 址、电 话：长沙市解放街 208 号 0731-83133666 开户行及账号：工行长沙香樟分行 180100112200100888
密码区	362/+*/3-6*90<**-22-9970*0> 416*/62+36+84464374-987+882 86<//192</415*40<5+102304*/ 642>739*/62+36+84464374/0-5

货物或应税劳务名称	规格型号	单位	数 量	单 价	金 额	税率	税 额
电		度	46 000	1.10	50 600.00	17%	8 602.00
合　　计					¥50 600.00		¥8 602.00
价税合计（大写）	⊕伍万玖仟贰佰零贰元整				（小写）¥59 202.00		

销货单位	名　　称：长沙市电力局 纳税人识别号：430164624563302221 地 址、电 话：长沙市白沙路 443 号 0731-85912222 开户行及账号：建设银行潇湘支行 287636986543153212
备注	长沙市电力局 430164624563302221 发票专用章

收款人：　复核：　开票人：张夏　销货单位：（章）

国税函〔2017〕562号北京印钞厂

第三联：发票联 购货方记账凭证

表 3-17

<table>
<tr><td colspan="6">托收凭证（受理回单） 1
受托日期 2017 年 5 月 4 日</td></tr>
<tr><td>业务类型</td><td colspan="5">委托收款（□ 邮划、□ 电划） 托收承付（□ 邮划、□ 电划）</td></tr>
<tr><td rowspan="3">付款人</td><td>全称</td><td>黄河有限责任公司</td><td rowspan="3">收款人</td><td>全称</td><td>长沙市电力局</td></tr>
<tr><td>账号</td><td>18010011220010888</td><td>账号</td><td>287636986543153212</td></tr>
<tr><td>地址</td><td>湖南省长沙市 开户行 工行香樟分行</td><td>地址</td><td>湖南省长沙市 开户行 建行潇湘支行</td></tr>
<tr><td>金额</td><td>人民币（大写）</td><td colspan="2">伍万玖仟贰佰零贰元整</td><td colspan="2">亿 千 百 十 万 千 百 十 元 角 分
¥ 5 9 2 0 2 0 0</td></tr>
<tr><td>款项内容</td><td>4 月份电费</td><td>托收凭据名称</td><td>增值税发票</td><td>附寄单证张数</td><td>1</td></tr>
<tr><td>商品发运情况</td><td colspan="2"></td><td>合同名称号码</td><td colspan="2"></td></tr>
<tr><td colspan="2">备注：铁运 2017-3525
复核： 记账：</td><td colspan="2">款项收妥日期
年 月 日</td><td colspan="2">建行潇湘分理处 2017.05.04 转讫
收款人开户银行签章
年 月 日</td></tr>
</table>

此联作收款人开户银行给收款人的受理回单

【业务 4】

表 3-18

领 料 单

领料部门：工会 用途：用于制作六一儿童节礼物 2017 年 5 月 5 日

材料名称	编号	规格	单位	数量 请领	数量 实发	单价（含税）（元）	金额（元）	记账
螺纹钢		¢20	吨	10	10	3510	35100	
备 注：未包含应分摊的运费 150 元				说明：订做童车，作为职工独生子女六一礼品，见工会请示报告与企字 0013 号文件				

第二联 会计部门记账

负责人：章琳 发料人：叶志明 领料人：张东林

【业务 5】

表 3-19

发 货 单

购货单位：广州珠江有限公司　　2017 年 5 月 8 日　　编号：080139405

产品编号	产品名称	规格	单位	数量		单价	金额							
				请发	实发		十	万	千	百	十	元	角	分
	乙电机	WL-53	台	500	500	150		7	5	0	0	0	0	0
合计				500	500			7	5	0	0	0	0	0

第二联 财务部门记账

审批：夏文　　发货人：李乐　　提货人：伍费　　制单：赵题

表 3-20

湖南增值税普通发票

4300173120　　№ 01278638　　4300173120 01278638

全国统一发票监制章 湖南 国家税务总局监制

校验码 62172 24587 37865 25864　　开票日期：2017 年 5 月 8 日

购货单位		密码区	
名　　称：广州珠江有限公司 纳税人识别号：440600028241231231 地 址、电 话：广州市华南路 100 号 020-83295008 开户行及账号：建行一支行 212003434256312132		362/*1/3-6*90<**-22-9970*0> 416*/62+36+82565174-987+882 86<//790</415*40<5+104904*/ 642>739*/25436+84464374/0-5	

货物或应税劳务名称	规格型号	单位	数量	单价	金额	税率	税额
乙电机	WL-53	台	500	200.00	100 000.00	17%	17 000.00
合　　计					¥100 000.00		¥17 000.00
价税合计（大写）	⊕壹拾壹万柒仟元整				（小写）¥117 000.00		

销货单位	备注
名　　称：黄河有限责任公司 纳税人识别号：280602002234678123 地 址、电 话：长沙市解放街 208 号 0731-83133666 开户行及账号：工行长沙香樟分理处 180100112200100888	黄河有限责任公司 280602002234678123 发票专用章

收款人：　　复核：　　开票人：王那杰　　销货单位：（章）

国税函〔2017〕562号北京印钞厂

第一联：记账联 销货方记账凭证

【业务6】

表 3-21

长沙市石钞证券印制有限责任公司·2017年印制

中国工商银行

转账支票存根

10201320

VIV 00105456

附加信息

出票日期 2017 年5月 17 日

收款人：	长沙市包装用品有限公司
金 额：	¥35 100.00
用 途：	木箱加工费

单位主管 会计

表 3-22

湖南增值税专用发票

抵扣联

4300173120 № 00120526 4300173120 00120526

校验码 62172 24587 37865 21458

开票日期：2017 年 5 月 17 日

国税函〔2017〕562号北京印钞厂

购货单位	名 称：黄河有限责任公司 纳税人识别号：280602002234678123 地 址、电 话：长沙市解放街 208 号 0731-83133666 开户行及账号：工行长沙香樟分行 180100112200100888	密码区	362/+*/3-6*90<**-22-9970*0> 416*/62+-6+84464374-987+882 86</192</415*40<5+104904*/ 248>739*/62+36+84464374/0-5

货物或应税劳务名称	规格型号	单位	数 量	单 价	金 额	税率	税 额
木箱加工费		只	5000	6.00	30 000.00	17%	5 100.00
合 计					¥30 000.00		¥5 100.00
价税合计（大写）	⊕叁万伍仟壹佰元整				（小写）¥35 100.00		

销货单位	名 称：长沙市包装用品有限公司 纳税人识别号：430602002231712 地 址、电 话：长沙市五一路 32 号 0731-83263137 开户行及账号：工行长沙分行 180100112200200415	备注	长沙市包装用品有限公司 430602002231712123 发票专用章

收款人： 复核： 开票人：李小敏 销货单位：（章）

第二联：抵扣联 购货方扣税凭证

表 3-23

湖南增值税专用发票

发票联

4300173120　　校验码 62172 24587 37865 21458

№ 00120526　　4300173120　　00120526

开票日期：2017 年 5 月 17 日

购货单位	名　　称：黄河有限责任公司 纳税人识别号：280602002234678123 地 址、电 话：长沙市解放街 208 号 0731-83133666 开户行及账号：工行长沙香樟分行 180100112200100888			密码区	362/+*/3-6*90<**-22-9970*0> 416*/62+-6+84464374-987+882 86</192</415*40<5+104904*/ 248>739*/62+36+84464374/0-5		
货物或应税劳务名称	规格型号	单位	数 量	单 价	金 额	税率	税 额
木箱加工费		只	5000	6.00	30 000.00	17%	5 100.00
合　　计					¥30 000.00		¥5 100.00
价税合计（大写）	⊕叁万伍仟壹佰元整				（小写）¥35 100.00		
销货单位	名　　称：长沙市包装用品有限公司 纳税人识别号：430602002231712123 地 址、电 话：长沙市五一路 32 号 0731-83263137 开户行及账号：工行长沙分行 180100112200200415			备注	（长沙市包装用品有限公司 430602002231712123 发票专用章）		

收款人：　　复核：　　开票人：李小敏　　销货单位：（章）

国税函〔2017〕562号北京印钞厂

第三联：发票联 购货方记账凭证

表 3-24

收　料　单

材料科目：周转材料

材料类别：包装物　　编号：1101

加工单位：长沙市包装用品有限公司　　2017 年 5 月 17 日　　仓库：

材料名称	编号	规格	单位	数量		实际成本（元）			
				应收	实收	材料成本	加工费	运费	合计
木箱	008		只	5 000	5 000	45 000	30 000		75 000
备注：	包装物加工完毕，验收入库					合计：¥75 000.00 元			

采购员：　　检验员：赵安康　　记账员：　　保管员：王明

第二联 会计部门记账

【业务 7】

表 3-25

长沙市收购统一发票

00012650421

销售单位（人）陈泽华

销售地点：长沙望城恒大村　　　　2017 年 5 月 17 日

No10879865

品名规格	单位	数量		单价	金额							备注
		计划	实收		万	千	百	十	元	角	分	
玉米棒	吨	50	50	950	4	7	5	0	0	0	0	
合　计					4	7	5	0	0	0	0	
货款合计人民币（大写）	肆万柒仟伍佰零拾零角零分											
收款人身份证号码	陈泽华 440125195702230013											
合计人民币（大写）	肆万柒仟伍佰零拾零角零分											

表 3-26

加工部收料单

材料科目：材料　　　　编号：002

材料类别：原料（玉米棒）　　　　收料仓库：3 号仓库

供应单位：陈泽华　　　　2017 年 5 月 18 日　　　　发票号码：10879865

编号	材料名称	规格	单位	数量		实际价格（元）		计划价格（元）	
				应收	实收	单价	发票金额	单价	金额
002	玉米棒		吨	50	50	826.50	41325.00		
备注：	向种粮大户购入谷子								

第二联　会计部门记账

采购员：　　　　检验员：廖娟　　　　记账员：　　　　保管员：王易

表 3-27

长沙市石钞证券印制有限责任公司 · 2017年印制

中国工商银行

转账支票存根

10201320

BB 20100113469

附加信息

出票日期　2017 年 5 月 18 日

收款人：本单位	
金 额：¥47 500.00	
用 途：陈泽华玉米棒款	

单位主管　　　会计

【业务 8】

表 3-28

国税函〔2017〕562号北京印钞厂

湖南增值税专用发票

4300173120　　№ 43000002　　4300173120 43000002

记账联

校验码 62172 24587 37865 34685　　开票日期：2017 年 5 月 18 日

购货单位	名 称：长沙大东有限责任公司 纳税人识别号：260801001692745 地 址、电 话：长沙市工业园 8 号 0316-3105690 开户行及账号：工行长沙分行 1800208062600369378	密码区	362/+*/3-6*90<**-22-9970*0> 416*/62+36+84464374-987+882 86<//192</48/*40<5+104904*/ 642>739*/62+36+84464374/0-5

货物或应税劳务名称	规格型号	单位	数量	单价	金额	税率	税额
钢材		千克	1000	55.00	55 000.00	17%	9 350.00
合　计					¥55 000.00		¥9 350.00
价税合计（大写）	⊕陆万肆仟叁佰伍拾元整				（小写）¥64 350.00		

销货单位	名 称：黄河有限责任公司 纳税人识别号：280602002234678123 地 址、电 话：长沙市解放街 208 号 0731-83133666 开户行及账号：工行长沙香樟分行 180100112200100888	备注	黄河有限责任公司 280602002234678123 发票专用章

收款人：　　复核：　　开票人：王那杰　　销货单位：（章）

第一联：记账联 销货方记账凭证

表 3-29

工商银行　信汇凭证（收账通知）　3

☐ 普通　☐ 加急　委托日期 2017 年 5 月 18 日　XV：1030014501

付款人	全称	长沙大东有限责任公司	收款人	全称	黄河有限责任公司
	账号	180208062600369178		账号	180100102200100888
	地址	湖南 省 长沙 市/县		地址	湖南 省 长沙 市/县
汇出行名称		县建分行	汇入行名称		工行五一支行
金额	人民币（大写）	陆佰肆拾叁万伍仟元整		亿千百十万千百十元角分	¥6435000 0

	支付密码		
工商银行县建支行 2017.05.18 转讫 汇出行签章	附加信息及用途：　归还原欠货款		
		复核：	记账：

此联汇出行给收款人的收账通知

【业务 9】

表 3-30

4300173120　湖南增值税专用发票　№ 00540002　4300173120 00540002

抵扣联

校验码 62172 24587 24896 34685　开票日期：2017 年 5 月 25 日

购货单位	名　　　称：黄河有限责任公司 纳税人识别号：280602002234678123 地 址、电 话：长沙市解放街 208 号 0731-83133666 开户行及账号：工行长沙香樟分行 180100112200100888	密码区	362/+*/3-6*90<**-22-9970*0> 416*/62+36+84454874-987+882 86<//192</415*40<5+104904*/ 642>+699*/62+36+84464374/0-

货物或应税劳务名称	规格型号	单位	数量	单价	金额	税率	税额
蒸锅 JY-1（红外探头）		台	1	50 000.00	50 000.00	17%	8 500.00
合　　计					¥50 000.00		¥8 500.00
价税合计（大写）	⊕伍万捌仟伍佰元整				（小写）¥58 500.00		

销货单位	名　　　称：长沙市粮食机械有限公司 纳税人识别号：360801001118888 地 址、电 话：长沙市曙光路 15 号 0731-83133888 开户行及账号：工行长沙分行 180100110220005666	备注	长沙市粮食机械有限公司 360801001118888 发票专用章

收款人：　复核：　开票人：卢欣　销货单位：（章）

国税函〔2017〕562号北京印钞厂

第二联：抵扣联 购货方扣税凭证

表 3-31

湖南增值税专用发票

发票联

4300173120 校验码 62172 24587 24896 34685

№ 00540002 4300173120 00540002

开票日期：2017 年 5 月 25 日

购货单位	名　　称：黄河有限责任公司 纳税人识别号：280602002234678123 地 址、电 话：长沙市解放街 208 号 0731-83133666 开户行及账号：工行长沙香樟分行 180100112200100888				密码区	362/+*/3-6*90<**-22-9970*0> 416*/62+36+84454874-987+882 86<//192</415*40<5+104904*/ 642>+699*/62+36+84464374/0-		
货物或应税劳务名称	规格型号	单位	数 量	单 价	金 额	税率	税 额	
蒸锅 JY-1（红外探头）		台	1	50 000.00	50 000.00	17%	8 500.00	
合　　计					¥50 000.00		¥8 500.00	
价税合计（大写）	⊕伍万捌仟伍佰元整				（小写）¥58 500.00			
销货单位	名　　称：长沙市粮食机械有限公司 纳税人识别号：360801001118888 地 址、电 话：长沙市曙光路 15 号 0731-83133888 开户行及账号：工行长沙分行 180100110220005666				备注	长沙市粮食机械有限公司 360801001118888 发票专用章		

收款人：　　复核：　　开票人：卢欣　　销货单位：（章）

第三联：发票联 购货方记账凭证

国税函〔2017〕562号北京印钞厂

表 3-32

固定资产入库单

收货单位：黄河有限责任公司　　2017 年 5 月 25 日　　编号：0601　　单位：元

类别	编号	资产名称	数量	原值	月摊销额	使用年限	累计已摊销额	净值	所在地	入账原因
机器	0601	蒸锅 jy-1（红外探头）	1	50000	833.33	5 年	0	50000	旺望加工部	购入

第二联 会计部门记账

表 3-33

中国工商银行 转账支票存根 10201320 VI100106466
附加信息
出票日期　2017 年 5 月 25 日
收款人：长沙市粮食机械有限公司
金　额：¥58 500.00
用　途：付购入蒸锅款
单位主管　　会计

长沙市石钞证券印制有限责任公司 · 2017年印制

【业务 10】

表 3-34

商品出库单

产品名称：旺望牌膨化饼干　　编号：005

产品类别：原料（玉米棒）　　仓库：成品出库

购货单位：工会　　2017年 5月 26日　　字第 372 号　　单位：元

品名	规模	计量单位	数量	单位成本	总成本	备注
膨化饼干	20*500 包	箱	20	500	10000	发放职工福利；对外销售单位单价为每箱 1000 元
合计			20		10000	

第二联 会计部门记账

部门负责人：陆兰　　领料人：张俊　　会计：　　发货人：刘玲

表 3-35

黄河有限责任公司内部使用（销售）专用凭证														
使用部门：工会				记 账 联						2017 年 5 月 26 日填发				
名称	规格	单位	数量	单价	金额									备注
					百	十	万	千	百	十	元	角	分	成本为每箱 500 元，对外销售价格为每箱 1000 元
膨化饼干	20×500 包	箱	20	1000			2	0	0	0	0	0	0	
合计：（人民币）大写贰万元整						¥	2	0	0	0	0	0	0	
董事长	意见：*同意*	总经理		意见：*同意*	财财务经理						意见：*同意*			
签章		签章			签章									

【业务 11】

表 3-36

商品出库单

产品名称：甲号电机　　　　　　　　　　编号：*005*
产品类别：　　　　　　　　　　　　　　仓库：成品出库
购货单位：长沙市红星博览会主办中心　　*2017*年 *5*月 27 日　　字第 375 号

单位：元

品名	规模	计量单位	数量	单位成本	总成本	备注
甲号电机	WJ-55	台	50	*500*	*25000*	捐赠给红星博览会主办中心；对外销售价格为每台 500 元
合计			*50*		*25000*	

第二联 会计部门记账

部门负责人：王海亮　　领料人：张柳　　会计：　　发货人：王丽

表 3-37

商品捐赠合同

甲方：黄河有限责任公司

乙方：红星博览会主办中心

经甲乙双方友好协商，就甲方向乙方无偿捐赠商品事宜达成如下协议：

甲方于 2017 年 5 月 27 日向乙方无偿捐甲号电机（WJ-55）计 50 台，共计人民币伍万元整（¥50000.00）

1. 乙方支付运输费等相关其他费用。
2. 甲方捐赠给乙方的商品不得用于销售。
3. 甲方必须保证商品能达到可使用状态。

本合同一式两份，甲乙双方各持一份，如有异议，另行签订补充协议，补充协议与本合同具有同等法律效力。

甲方：黄河有限责任公司　　　　乙方：红星博览会主办中心

法定代表：郭朝阳　　　　法定代表：胡一枚

日期：2017 年 5 月 27 日　　　　日期：2017 年 5 月 27 日

【业务 12】

表 3-38

湖南增值税普通发票

发票联

4300172120　　№ 21504533　　4300172120 21504533

校验码 62172 24587 37865 25847　　开票日期：2017 年 5 月 27 日

购货单位		密码区	
名　　称：黄河有限责任公司 纳税人识别号：280602002234678123 地 址、电 话：长沙市解放街 208 号 0731-83133666 开户行及账号：工行长沙香樟分行 180100112200100888		密码区	362/+*/3-6*90<**-22-9970*0> 416*/62+36+84464374-987+882 86<//192</415*40<5+104904*/ 642>256-*/62+36+84464374/0-

货物或应税劳务名称	规格型号	单位	数 量	单 价	金 额	税率	税 额
办公用品			1	427.35	427.35	17%	72.65
合　　计					¥427.35		¥72.65
价税合计（大写）	⊕伍佰元整				（小写）¥500.00		

销货单位		备注
名　　称：天剑百货公司 纳税人识别号：245064824570965123 地 址、电 话：长沙市曙光路 15 号 0731-83133888 开户行及账号：工行长沙分行 180100110220005666	备注	天剑百货公司 245064624570965123 发票专用章

收款人：　　复核：　　开票人：王敏　　销货单位：（章）

国税函〔2017〕562号北京印钞厂

第二联：发票联 购货方记账凭证

表 3-39

湖南增值税普通发票

发票联

4300172120　　№ 00043920　　4300172120 00043920

校验码 62172 24587 37865 21458　　开票日期：2017 年 5 月 27 日

购货单位	名　　称：黄河有限责任公司 纳税人识别号：280602002234678123 地 址、电 话：长沙市解放街 208 号 0731-83133666 开户行及账号：工行长沙香樟分行 180100112200100888	密码区	362/+*/3-6*30<**-22-9970*0> 416*/62+12+84464374-987+882 86</192</4150+0<5+104904*/ 642>739*/62+36+84469374/0-5

货物或应税劳务名称	规格型号	单位	数量	单价	金额	税率	税额
公文包		只	1	461.54	461.54	17%	78.56
合　计					¥461.54		¥78.56
价税合计（大写）	⊕伍佰肆拾元整				（小写）¥540.00		

销货单位	名　　称：湖南康星连锁百货有限公司 纳税人识别号：130202200223467812 地 址、电 话：长沙市光明路 15 号 0731-83138558 开户行及账号：工行长沙分行 1801001104322568	备注	（湖南康星连锁百货有限公司 130202200223467812 发票专用章）

收款人：田双双　　复核：叶玲　　开票人：付军　　销货单位：（章）

国税函[2017]562号北京印钞厂

第二联：发票联 购货方记账凭证

【业务 13】

表 3-40

材料盘点溢（缺）报告单

部门（库号）：2 号　　2017 年 05 月 30 日　　单位：元

材料名称	编号	规格	单位	数量		损失数量	金额	损失原因
				账面数	实有数			
圆钢		32#	千克	5 000	4 000	1 000	50 200	管理问题 意外损耗
进项税额							8 534	
合　计							58 734	
审批意见：保管员王宁赔损失的 40%，其余列于企业损失								
部门主管：陈洛凡		会计：刘佳		保管人：王宁		复核人：王新		

第二联 会计部门记账

【业务 14】

财务部门收到通知单日期为 5 月 30 日，据以开具负数发票一份。

表 3-41

开具红字增值税专用发票通知单

附件 4

填开日期：2017 年 5 月 24 日　　　　单位：元　　　　NO.0187

<table>
<tr><td rowspan="2">销售方</td><td>名　称</td><td>黄河有限责任公司</td><td rowspan="2">购买方</td><td>名　称</td><td>武汉华瑞有限责任公司</td></tr>
<tr><td>税务登记代码</td><td>280602002234678123</td><td>税务登记代码</td><td>420104856706081123</td></tr>
<tr><td rowspan="2">开具红字发票内容</td><td>货物（劳务）名称</td><td>单价</td><td>数量</td><td>金额</td><td>税额</td></tr>
<tr><td>三相异步电动机（YS-2 型号）
合　计</td><td>450 元/台</td><td>50 台</td><td>22 500.00</td><td>3 825.00</td></tr>
<tr><td>说明</td><td colspan="5">需要作进项税额转出☑
不需要作进项税额转出☐
纳税人识别号认证不符☐
专用发票代码、号码认证不符☐
对应蓝字专用发票密码区内打印的代码：__________
号码：__________
武汉市宝丰区国家税务局四分局
开具红字专用发票理由：
20 台 YS-2 型三相异步电动机无接地线，30 台 YS-2 型三相异步电动机的绝缘体材料质量不合国标。</td></tr>
</table>

经办人：刘峨山　　　　负责人：章程　　　　主管税务机关名称（印章）：______________

注：1. 本通知单一式三联：第一联，购买方主管税务机关留存；第二联，购买方送交销售方留存；第三联，购买方留存。

2. 通知单应与申请单一一对应。

3. 销售方应在开具红字专用发票后到主管税务机关进行核销。

表 3-42

成品返修入库单

交库部门：业务销售处　　　　2017 年 5 月 30 日　　　　产成品库：返修 1 库　单位：元

产品名称	计量单位	实收数量	单位成本（元）	实际成本（元）	备注
三相异步电动机（YS-2 型号）	台	50	409.15	20457.50	武汉华瑞有限责任公司退货
合计		50		20457.50	

记账：李蓬　　主管：汤燕　　保管：李文　　交库：彭静

表 3-43（开具红字发票）

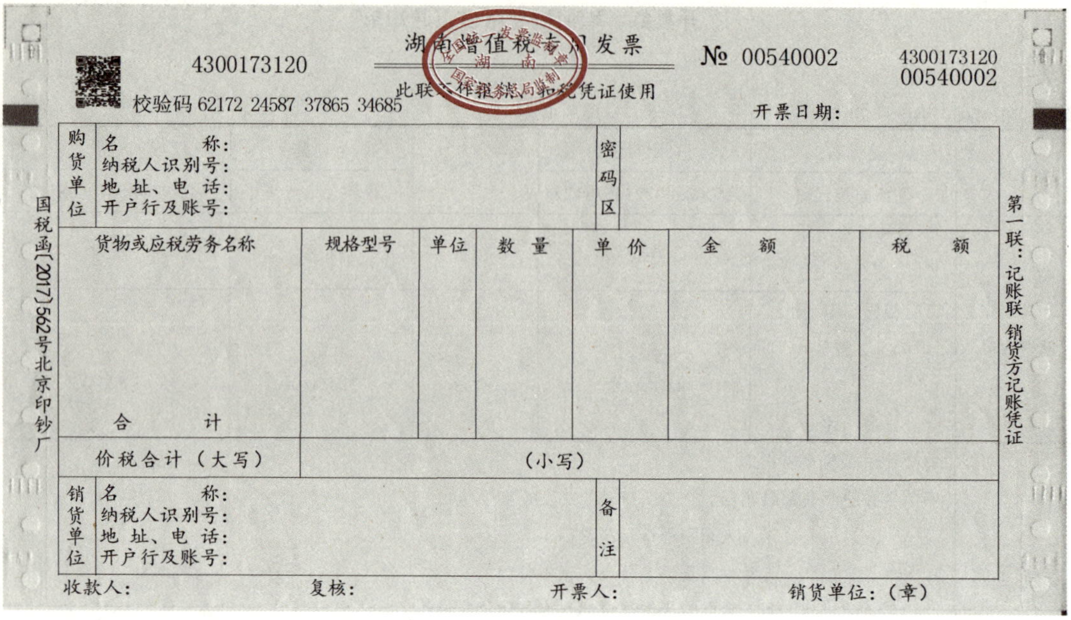
湖南增值税专用发票

4300173120 № 00540002 4300173120 00540002

校验码 62172 24587 37865 34685

此联不作报销、扣税凭证使用

开票日期：

购货单位	名 称： 纳税人识别号： 地 址、电 话： 开户行及账号：			密码区			
货物或应税劳务名称	规格型号	单位	数 量	单 价	金 额		税 额
合 计							
价税合计（大写）	（小写）						
销货单位	名 称： 纳税人识别号： 地 址、电 话： 开户行及账号：			备注			

收款人： 复核： 开票人： 销货单位：（章）

国税函〔2017〕562号北京印钞厂

第一联：记账联 销货方记账凭证

2. 登记“应交税费——应交增值税”明细账（见表 3-44）。

3. 根据“应交税费——应交增值税”明细账，填制增值税纳税申报表附列资料（一）（二）（三）（四）（五）、固定资产（不含不动产）进项税额抵扣情况表、本期抵扣进项税额结构明细表、增值税减免税申报明细表（五）（见表 3-45~3-52）。

表 3-44

应交税费——应交增值税明细账

年		凭证号数	摘要	借方						贷方					余额
月	日			合计	进项税额	已交税金	减免税额	出口递减内销产品应纳税额	转出未交增值税	合计	销项税额	出口退税	进项税额转出	转出多交增值税	

表 3-45

增值税纳税申报表附列资料（一）

（本期销售情况明细）

税款所属时间：　　年　月　日至　年　月　日

纳税人名称：（公章）　　　　　　　　　　　　　　　　　　　　金额单位：元至角分

项目及栏次				开具增值税专用发票		开具其他发票		未开具发票		纳税检查调整		合计			服务、不动产和无形资产扣除项目本期实际扣除金额	扣除后	
				销售额	销项（应纳）税额	销售额	销项（应纳）税额	销售额	销项（应纳）税额	销售额	销项（应纳）税额	销售额	销项（应纳）税额	价税合计		含税（免税）销售额	销项（应纳）税额
				1	2	3	4	5	6	7	8	9=1+3+5+7	10=2+4+6+8	11=9+10	12	13=11-12	14=13÷（100%+税率或征收率）×税率或征收率
一、一般计税方法计税	全部征税项目	17%税率的货物及加工修理修配劳务	1											—	—	—	—
		17%税率的服务、不动产和无形资产	2														
		13%税率	3											—	—	—	—
		11%税率	4														
		6%税率	5														
	其中：即征即退项目	即征即退货物及加工修理修配劳务	6	—	—	—	—	—	—	—	—			—	—	—	—
		即征即退服务、不动产和无形资产	7	—	—	—	—	—	—	—	—						

续表

项目及栏次				开具增值税专用发票		开具其他发票		未开具发票		纳税检查调整		合计			服务、不动产和无形资产扣除项目本期实际扣除金额	扣除后	
				销售额	销项（应纳）税额	销售额	销项（应纳）税额	销售额	销项（应纳）税额	销售额	销项（应纳）税额	销售额	销项（应纳）税额	价税合计		含税（免税）销售额	销项（应纳）税额
				1	2	3	4	5	6	7	8	9=1+3+5+7	10=2+4+6+8	11=9+10	12	13=11−12	14=13÷（100%+税率或征收率）×税率或征收率
二、简易计税方法计税	全部征税项目	6%征收率	8							—	—			—	—	—	—
		5%征收率的货物及加工修理修配劳务	9a							—	—			—	—	—	—
		5%征收率的服务、不动产和无形资产	9b							—	—						
		4%征收率	10							—	—			—	—	—	—
		3%征收率的货物及加工修理修配劳务	11							—	—			—	—	—	—
		3%征收率的服务、不动产和无形资产	12							—	—						
		预征率　%	13a							—	—						
		预征率　%	13b							—	—						
		预征率　%	13c							—	—						
	其中：即征即退项目	即征即退货物及加工修理修配劳务	14	—	—	—	—	—	—	—	—			—	—	—	—
		即征即退服务、不动产和无形资产	15	—	—	—	—	—	—	—	—						
三、免抵退税	货物及加工修理修配劳务		16	—	—		—		—	—	—		—	—	—	—	—
	服务、不动产和无形资产		17	—	—		—		—	—	—		—				—
四、免税	货物及加工修理修配劳务		18				—		—	—	—		—	—	—	—	—
	服务、不动产和无形资产		19	—	—		—		—	—	—		—				—

表 3-46

增值税纳税申报表附列资料（二）

（本期进项税额明细）

税款所属时间：　年　月　日至　年　月　日

纳税人名称：（公章）　　填表日期：　年　月　日　　金额单位：元至角分

一、申报抵扣的进项税额				
项　目	栏　次	份数	金额	税　额
（一）认证相符的增值税专用发票	1=2+3			
其中：本期认证相符且本期申报抵扣	2			
前期认证相符且本期申报抵扣	3			
（二）其他扣税凭证	4=5+6+7+8			
其中：海关进口增值税专用缴款书	5			
农产品收购发票或者销售发票	6			
代扣代缴税收缴款凭证	7		——	
其他	8			
（三）本期用于购建不动产的扣税凭证	9			
（四）本期不动产允许抵扣进项税额	10	——	——	
（五）外贸企业进项税额抵扣证明	11	——	——	
当期申报抵扣进项税额合计	12=1+4-9+10+11			

二、进项税额转出额		
项　目	栏　次	税　额
本期进项税额转出额	13=14 至 23 之和	
其中：免税项目用	14	
集体福利、个人消费	15	
非正常损失	16	
简易计税方法征税项目用	17	
免抵退税办法不得抵扣的进项税额	18	
纳税检查调减进项税额	19	
红字专用发票信息表注明的进项税额	20	
上期留抵税额抵减欠税	21	
上期留抵税额退税	22	
其他应作进项税额转出的情形	23	

三、待抵扣进项税额				
项　目	栏　次	份数	金额	税　额
（一）认证相符的增值税专用发票	24	——	——	——
期初已认证相符但未申报抵扣	25			
本期认证相符且本期未申报抵扣	26			
期末已认证相符但未申报抵扣	27			

续表

三、待抵扣进项税额				
项　　目	栏　　次	份数	金额	税　　额
其中：按照税法规定不允许抵扣	28			
（二）其他扣税凭证	29=30 至 33 之和			
其中：海关进口增值税专用缴款书	30			
农产品收购发票或者销售发票	31			
代扣代缴税收缴款凭证	32		——	
其他	33			
	34			
四、其他				
项　　目	栏　　次	份数	金额	税　　额
本期认证相符的增值税专用发票	35			
代扣代缴税额	36	——	——	

表 3-47

增值税纳税申报表附列资料（三）

（服务、不动产和无形资产扣除项目明细）

税款所属时间：　　年　　月　　日至　　年　　月　　日

纳税人名称：（公章）　　　　　　　　　　　　　　　　金额单位：元至角分

项目及栏次		本期服务、不动产和无形资产价税合计额（免税销售额）	服务、不动产和无形资产扣除项目				
			期初余额	本期发生额	本期应扣除金额	本期实际扣除金额	期末余额
		1	2	3	4=2+3	5（5≤1 且 5≤4）	6=4−5
17%税率的项目	1						
11%税率的项目	2						
6%税率的项目（不含金融商品转让）	3						
6%税率的金融商品转让项目	4						
5%征收率的项目	5						
3%征收率的项目	6						
免抵退税的项目	7						
免税的项目	8						

表 3-48

增值税纳税申报表附列资料（四）

（税额抵减情况表）

税款所属时间：　　年　　月　　日至　　年　　月　　日

纳税人名称：（公章）　　　　金额单位：元至角分

序号	抵减项目	期初余额	本期发生额	本期应抵减税额	本期实际抵减税额	期末余额
		1	2	3=1+2	4≤3	5=3-4
1	增值税税控系统专用设备费及技术维护费					
2	分支机构预征缴纳税款					
3	建筑服务预征缴纳税款					
4	销售不动产预征缴纳税款					
5	出租不动产预征缴纳税款					

表 3-49

增值税纳税申报表附列资料（五）

（不动产分期抵扣计算表）

税款所属时间：　　年　　月　　日至　　年　　月　　日

纳税人名称：（公章）　　　　金额单位：元至角分

期初待抵扣不动产进项税额	本期不动产进项税额增加额	本期可抵扣不动产进项税额	本期转入的待抵扣不动产进项税额	本期转出的待抵扣不动产进项税额	期末待抵扣不动产进项税额
1	2	3≤1+2+4	4	5≤1+4	6=1+2-3+4-5

表 3-50

固定资产（不含不动产）进项税额抵扣情况表

纳税人名称（公章）：　　填表日期：　　年　　月　　日　　金额单位：元至角分

项　目	当期申报抵扣的固定资产进项税额	申报抵扣的固定资产进项税额累计
增值税专用发票		
海关进口增值税专用缴款书		
合　计		

表 3-51

本期抵扣进项税额结构明细表

税款所属时间：　　年　　月　　日至　　年　　月　　日

纳税人名称：（公章）　　　　　　　　　　　　金额单位：元至角分

项　目	栏　次	金　额	税　额
合计	1＝2+4+5+10+13+15+17+18+19		
17%税率的进项	2		
其中：有形动产租赁的进项	3		
13%税率的进项	4		
11%税率的进项	5		
其中：货物运输服务的进项	6		
建筑安装服务的进项	7		
不动产租赁服务的进项	8		
购入不动产的进项	9		
6%税率的进项	10		
其中：直接收费金融服务的进项	11		
财产保险的进项	12		
5%征收率的进项	13		
其中：购入不动产的进项	14		
3%征收率的进项	15		
其中：建筑安装服务的进项	16		
1.5%征收率的进项	17		
农产品核定扣除进项	18		
外贸企业进项税额抵扣证明注明的进项	19		
	20		
	21		

表 3-52

增值税减免税申报明细表（五）

税款所属时间：自　　年　　月　　日至　　年　　月　　日

纳税人名称（公章）：　　　　　　　　　　　　　　　　　　　　　　　　　金额单位：元（列至角分）

一、减税项目						
减税性质代码及名称	栏次	期初余额	本期发生额	本期应抵减税额	本期实际抵减税额	期末余额
		1	2	3=1+2	4≤3	5=3-4
合计	1				0.00	230.00
0001129902，已使用固定资产减征增值税	2					0.00
0001129914，购置增值税税控系统专用设备，抵减增值税	3				0.00	230.00
	4					0.00
	5					0.00
	6					0.00
	7					0.00
	8					0.00

二、免税项目						
免税性质代码及名称	栏次	免征增值税项目销售额	免税销售额扣除项目本期实际扣除金额	扣除后免税销售额	免税销售额对应的进项税额	免税额
		1	2	3=1-2	4	5
合计	1				0.00	0.00
出口免税	2		——	——	——	——
	3					
	4					
	5					
	6					
	7					

申报流水号：

4. 根据根据以上资料，填制增值税纳税申报表（见表 3-53）。

表 3-53

附件 1：增值税纳税申报表

（适用于增值税一般纳税人）

根据《中华人民共和国增值税暂行条例》第二十二条和第二十三条的规定制定本表。纳税人不论有无销售额，均应按主管税务机关核定的纳税期限按期填报本表，并于次月一日起十五日内，向当地税务机关申报。

税款所属时间：自　年　月　日至　年　月　日　　填表日期：　年　月　日　　金额单位：元至角分

纳税人识别号					所属行业：	
纳税人名称	（公章）	法定代表人姓名		注册地址	营业地址	
开户银行及账号		企业登记注册类型			电话号码	

项目		栏次	一般货物及劳务		即征即退货物及劳务	
			本月数	本年累计	本月数	本年累计
销售额	（一）按适用税率征税货物及劳务销售额	1				
	其中：应税货物销售额	2				
	应税劳务销售额	3				
	纳税检查调整的销售额	4				
	（二）按简易征收办法征税货物销售额	5				
	其中：纳税检查调整的销售额	6				
	（三）免、抵、退办法出口货物销售额	7			——	——
	（四）免税货物及劳务销售额	8			——	——
	其中：免税货物销售额	9			——	——
	免税劳务销售额	10			——	——
税款计算	销项税额	11				
	进项税额	12				
	上期留抵税额	13		——		——
	进项税额转出	14				
	免抵退货物应退税额	15			——	——
	按适用税率计算的纳税检查应补缴税额	16			——	——
	应抵扣税额合计	17=12+13-14-15+16		——		——
	实际抵扣税额	18（如 17<11，则为 17，否则为 11）				
	应纳税额	19=11-18				

续表

项目		栏次	一般货物及劳务		即征即退货物及劳务	
			本月数	本年累计	本月数	本年累计
税款计算	期末留抵税额	20=17-18		——		——
	简易征收办法计算的应纳税额	21				
	按简易征收办法计算的纳税检查应补缴税额	22			——	——
	应纳税额减征额	23				
	应纳税额合计	24=19+21-23				
税款缴纳	期初未缴税额（多缴为负数）	25				
	实收出口开具专用缴款书退税额	26			——	——
	本期已缴税额	27=28+29+30+31				
	①分次预缴税额	28		——		——
	②出口开具专用缴款书预缴税额	29		——	——	——
	③本期缴纳上期应纳税额	30				
	④本期缴纳欠缴税额	31				
	期末未缴税额（多缴为负数）	32=24+25+26-27				
	其中：欠缴税额（≥0）	33=25+26-27		——		——
	本期应补（退）税额	34=24-28-29		——		——
	即征即退实际退税额	35	——	——		
	期初未缴查补税额	36			——	——
	本期入库查补税额	37			——	——
	期末未缴查补税额	38=16+22+36-37			——	——

授权声明	如果你已委托代理人申报，请填写下列资料： 为代理一切税务事宜，现授权 （地址）为本纳税人的代理申报人，任何与本申报表有关的往来文件，都可寄予此人。 授权人签字：	申报人声明	此纳税申报表是根据《中华人民共和国增值税暂行条例》的规定填报的，我相信它是真实的、可靠的、完整的。 声明人签字：

以下由税务机关填写：

收到日期： 接收人： 主管税务机关盖

课后谈税

1. 一般纳税人开具专用发票应先抄税后报税：

（1）抄税，是指纳税前纳税人用 IC 卡或软盘抄取开票数据电文。

（2）报税，是指纳税人持 IC 卡或软盘向税务机关报送开票数据电文。

一般纳税人开具专用发票应在增值税纳税申报期内向主管税务机关报税，在申报所属月份内可分次向主管税务机关报税。因 IC 卡、软盘质量问题等原因无法报税的，应更换 IC 卡、软盘；因硬盘损坏、更换金税卡等原因不能正常报税的，应提供已开具未向税务机关报税的专用发票记账联原件或复印件，由主管税务机关补采开票数据。纳税人抄税数据大于申报表数据的，税务机关将暂扣“税控 IC 卡”，核实处理以后再退还给纳税人。

增值税专用发票开出 180 天内认证有效。当月认证的必须在当月抵扣。抄报税可以直接在税控发票开票软件（税控盘版）进行办理也可以去税务大厅办理。

2. 增值税一般纳税人应在“应交增值税”明细账内设置“进项税额”“销项税额抵减”“已交税金”“转出未交增值税”“减免税款”“出口抵减内销产品应纳税额”“销项税额”“出口退税”“进项税额转出”“转出多交增值税”等专栏。具体要求参见财税〔2016〕36 号文件。

训练 3-2　小规模纳税人增值税核算与纳税申报

训练技能

1. 能根据审核无误的原始凭证，填制增值税涉税记账凭证，并登记“应交税费——应交增值税”明细账。

2. 能准确计算增值税小规模纳税人应缴的增值税额，并及时正确进行增值税纳税申报工作。

训练背景

1. 企业概况

企业名称：湖南恒财服饰有限公司

注册地：湖南省衡阳市虎山路 20 号

注册资金：30 万元

电话号码：0734—2111333

开户行：中国银行雁城支行

账号：314074791908

国税局税务登记类型：增值税小规模纳税企业

纳税人登记号：430897407030041123

法人代表：杨凯
财务经理：邹霞
会计：学生本人（记账兼办税）、唐燕（制单）、邹霞（审核）
出纳员：尹静

湖南恒财服饰有限公司从 2008 年 1 月 1 日起执行新《企业会计准则》，原材料、库存商品采用实际成本计价法核算，采用记账凭证处理程序登记总账。

主营业务：服装的生产及销售

2. 经济业务说明

湖南恒财服饰有限公司 2016 年 12 月 31 日部分往来账户余额

账户名称	借方金额（元）	贷方金额（元）
预付账款——湖北枝江有限公司	20 000.00	
预收账款——衡阳市富丽服饰有限公司		40 000.00
应交税费——应交增值税		1 200.00
应交税费——应交城市建设维护税		84.00
应交税费——应交教育费附加		54.00

备用物品

1. 通用记账凭证。
2. 会计账簿：应交增值税三栏式明细账。
3. 纳税申报表：增值税纳税申报表（小规模纳税人适用）及附列资料。

训练要求

1. 全面复习增值税法、增值税涉税业务的会计处理方法，区别增值税一般纳税人涉税账户录入方法，以及增值税专用发票管理的规定。

2. 将训练操作过程视同从事实际工作，务必做到亲自动手，并且认真、严谨，做到笔笔清晰、字字端正、数据准确。

训练成果

1. 编制增值税涉税业务记账凭证。

以制单员的身份审核 2017 年 1 月份发生的经济业务所取得的原始凭证，并据此编制每笔增值税涉税业务记账凭证。

【业务1】

表3-54

中华人民共和国
税收完税证明

国

注册类型：有限责任公司　　填发日期：2017年1月7日　　税务机关：狮山区国税局税源十科

纳税人识别号	430897407030041123		纳税人名称	衡阳市虎山路20号	
原凭证号	税　种	品目名称	税款所属时期	入（返）库日期	实缴（返）金额
	增值税	制造业（3%）	2016-12-01至2016-12-31		1200.00
金额合计	（大写）壹仟贰佰元整				¥1200.00
税务机关（盖章）	填票人 王科湖	备注：税票号码：02388542 税管员：李宏			

妥善保管、手写无效

此凭证仅作为纳税人的完税凭证，此外无效

【业务2】

表3-55

中华人民共和国
税收完税证明

地

注册类型：有限责任公司　　填发日期：2017年1月8日　　税务机关：狮山区国税局税源十科

纳税人识别号	430897407030041123		纳税人名称	衡阳市虎山路20号	
原凭证号	税　种	品目名称	税款所属时期	入（返）库日期	实缴（返）金额
	城市维护建设税—增值税		2016-12-01至2016-12-31		84.00
	教育费附加—增值税				54.00
金额合计	（大写）壹佰叁拾捌元整				¥138.00
税务机关（盖章）	填票人 王科湖	备注：税票号码：02388542 税管员：李宏			

妥善保管、手写无效

此凭证仅作为纳税人的完税凭证，此外无效

【业务 3】

表 3-56

湖南增值税普通发票

4300172120　　№ 01278637　　4300172120 01278637

校验码 62172 24587 37865 34685　　开票日期：2017 年 1 月 10 日

购货单位	名　　称：衡阳市富丽服饰有限公司 纳税人识别号：430404195566099 地 址、电 话：湖南省珠晖区狮山路 开户行及账号：建行二支行 010933781013	密码区	362/*1/3-6*90<**-22-9970*0> 41+9/62+36+87685174-987+882 86<//790</415*40<5+104904*/ 420>739*/25436+84464374/0-5

货物或应税劳务名称	规格型号	单位	数 量	单 价	金 额	税率	税 额
A裙		件	500	200.00	100 000.00	3%	3 000.00
合　计					¥100 000.00		¥3 000.00
价税合计（大写）	⊕壹拾万零叁仟元整				（小写）¥103 000.00		

销货单位	名　　称：湖南恒财服饰有限公司 纳税人识别号：430897407030041123 地 址、电 话：湖南省衡阳市虎山路 20 号 开户行及账号：中国银行雁城支行 314074791908	备注	湖南恒财服饰有限公司 430879407030041123 发票专用章

收款人：　　复核：　　开票人：罗生　　销货单位：（章）

国税函〔2017〕562号北京印钞厂

第一联：记账联 销货方记账凭证

表 3-57

发 货 单

购货单位：衡阳市富丽服饰有限公司　　2017 年 1 月 10 日　　编号：080139405

产品编号	产品名称	规格	单位	数量		单价	金额							
				请发	实发		十	万	千	百	十	元	角	分
	A裙	L	件	500	500				5	0	0	0	0	0
合计				500	500				5	0	0	0	0	0

审批：夏文　　发货人：李乐　　提货人：伍费　　制单：赵题

第二联 财务部门记账

【业务 4】

表 3-58

湖南增值税普通发票

4300172120　　№ 01278638　　4300172120　01278638

校验码 62172 24587 37865 21411　　开票日期：2017 年 1 月 16 日

购货单位	名　　称：广州珠江有限公司 纳税人识别号：440600028241231231 地 址、电 话：广州市华南路 100 号 020-83295008 开户行及账号：建行一支行 212003434				密码区	362/*1/3-6*90<**-22-9970*0> 416*/62+36+87685174-987+882 86<//790</415*40<5+104904*/ 420>759*/25436+84464374/0-5	
货物或应税劳务名称	规格型号	单位	数 量	单 价	金 额	税率	税 额
A 裙		件	500	200.00	100 000.00	3%	3 000.00
合　计					¥100 000.00		¥3 000.00
价税合计（大写）	⊕壹拾万零叁仟元整				（小写）¥103 000.00		
销货单位	名　　称：湖南恒财服饰有限公司 纳税人识别号：430897407030041123 地 址、电 话：湖南省衡阳市虎山路 20 号 开户行及账号：中国银行雁城支行 314074791908				备注	湖南恒财服饰有限公司 430879407030041123 发票专用章	

收款人：尹静　　复核：　　开票人：罗生　　销货单位：（章）

国税函〔2017〕562号北京印钞厂

第一联：记账联 销货方记账凭证

表 3-59

中国银行进账单（回单）　1

2017 年 1 月 16 日

付款人	全　称	广州珠江有限公司	收款人	全　称	湖南恒财服饰有限公司
	账　号	212003434		账　号	314074791908
	开户银行	建行一支行		开户银行	中国银行雁城支行
金额	人民币（大写）	壹拾万零叁仟元整		亿千百十万千百十元角分	¥10300000
票据种类	回单	票据张数	1		中国银行雁城支行 2017.01.16 转讫
票据号码					
	复核：　记账：				开户银行签章

此联是收款人开户银行交给持票人的回单

表 3-60

发 货 单

购货单位：广州珠江有限公司　　2017 年 1 月 16 日　　编号：080139406

产品编号	产品名称	规格	单位	数量 请发	数量 实发	单价	十	万	千	百	十	元	角	分
	A 裙	L	件	500	500					5	0	0	0	0
合计				500	500					5	0	0	0	0

第二联 财务部门记账

审批：夏文　　发货人：李乐　　提货人：伍费　　制单：赵题

【业务 5】

表 3-61

陕西增值税专用发票

6100173120　　№ 00575238　　6100173120 00575238

发票联

校验码 62172 24587 37865 21402　　开票日期：2017 年 1 月 17 日

购货单位		密码区	
名称：湖南恒财服饰有限公司 纳税人识别号：430897407030041123 地址、电话：湖南省衡阳市虎山路 20 号 开户行及账号：中国银行雁城支行 314074791908123123		362/+*/3-6*30<**-22-9970*0> 416*/62+36+84563214-987+882 86+-/192</415*40<5+104904*/ 642>739*/62+36+84469374/0-5	

货物或应税劳务名称	规格型号	单位	数量	单价	金额	税率	税额
电烫		个	2 500	20.00	50 000.00	17%	8 500.00
剪刀		个	4 000	4.40	17 600.00	17%	2 992.00
合计					¥67 600.00		¥11 492.00
价税合计（大写）	⊕柒万玖仟零玖拾贰元整				（小写）¥79 092.00		

销货单位	备注
名称：陕西宝鸡华丰公司 纳税人识别号：610395710617632123 地址、电话：宝鸡市火炬路 88 号 3865321 开户行及账号：工行城南分理处 260301020845370681	陕西宝鸡华丰公司 610395710617632123 发票专用章

收款人：王丽　　复核：陈芳　　开票人：马萍　　销货单位：（章）

第三联：发票联 购货方记账凭证

国税函[2017]562号北京印钞厂

表 3-62

陕西增值税专用发票

抵扣联

6100173120　　№ 00575238　　6100173120 00575238

校验码 62172 24587 37865 21402　　开票日期：2017 年 1 月 17 日

购货单位	名　　称：湖南恒财服饰有限公司 纳税人识别号：430897407030041123 地 址、电 话：湖南省衡阳市虎山路 20 号 开户行及账号：中国银行雁城支行 314074791908123123	密码区	362/+*/3-6*30<**-22-9970*0> 416*/62+36+84563214-987+882 86+-/192</415*40<5+104904*/ 642>739*/62+36+84469374/0-5

货物或应税劳务名称	规格型号	单位	数量	单价	金额	税率	税额
电烫		个	2 500	20.00	50 000.00	17%	8 500.00
剪刀		个	4 000	4.40	17 600.00	17%	2 992.00
合　　计					¥67 600.00		¥11 492.00
价税合计（大写）	⊕柒万玖仟零玖拾贰元整				（小写）¥79 092.00		

销货单位	名　　称：陕西宝鸡华丰公司 纳税人识别号：610395710617632123 地 址、电 话：宝鸡市火炬路 88 号 3865321 开户行及账号：工行城南分理处 260301020845370681	备注	陕西宝鸡华丰公司 610395710617632123 发票专用章

收款人：王丽　　复核：陈芳　　开票人：马萍　　销货单位：（章）

国税函[2017]562号北京印钞厂

第二联：抵扣联　购货方　扣税凭证

表 3-63

中国银行电汇凭证（回 单）　　1

□普通　　□加急　　委托日期 2017 年 1 月 17 日　　XV：1010014579

付款人	全　称	湖南恒财服饰有限公司	收款人	全　称	陕西宝鸡华丰公司
	账　号	314074791908123123		账　号	260301020845370681
	地　址	湖南 省 衡阳 市/县		地　址	陕西 省 宝鸡 市/县
汇出行名称		中国银行雁城支行	汇入行名称		工行城南分理处

金额	人民币（大写）	柒万玖仟零玖拾贰元整	亿	千	百	十	万	千	百	十	元	角	分
						¥	7	9	0	9	2	0	0

中国银行雁城支行 2017.01.16 转讫

汇出行签章

支付密码

附加信息及用途：　付购料款

复核：　　记账：

此联汇出行给汇款人的回单

表 3-64

湖南恒财服饰有限公司收料单

供应单位：陕西宝鸡华丰公司　　2017 年 1 月 18 日　　编号：1068

发票号码：00575238　　仓库：一仓库

规格	材料名称	编号	数量		实际价格（元）														
			应收	实收	单位	单价	发票金额	运杂费	合计										
									千	百	十	万	千	百	十	元	角	分
	电煲	1101	2500	2500	个	23.40	58500	0.00				5	8	5	0	0	0	0
备注			验收人盖章		李金		合计		58500.00									

第二联 财务部门记账

审核：林飞　　制单：王英

表 3-65

湖南恒财服饰有限公司收料单

供应单位：陕西宝鸡华丰公司　　2017 年 1 月18日　　编号：1069

发票号码：00575239　　仓库：一仓库

规格	材料名称	编号	数量		实际价格（元）														
			应收	实收	单位	单价	发票金额	运杂费	合计										
									千	百	十	万	千	百	十	元	角	分
	剪刀	1102	4000	4000	个	5.148	20592	0.00				2	0	5	9	2	0	0
备注			验收人盖章		李金		合计		20592.00									

第二联 财务部门记账

审核：林飞　　制单：王英

【业务 6】

增值税发票于 20 日收到。

表 3-66

湖北增值税普通发票

发票联

4200172120　　　　№ 012735566　　　　4200172120 012735566

校验码 62172 24587 37865 31441　　　　开票日期：2017 年 1 月 18 日

购货单位	名　　称：湖南恒财服饰有限公司 纳税人识别号：430897407030041123 地 址、电 话：湖南省衡阳市虎山路 20 号 开户行及账号：中国银行雁城支行 314074791908123123			密码区	362/+*/3-6*30<**-22-9970*0> 416*/62+36+84352114-987+882 86<//192</415*40<5+104904*/ 642>739*/62+36+84469374/0-5		
货物或应税劳务名称	规格型号	单位	数量	单价	金额	税率	税额
棉布		米	500	84.00	42 000.00	17%	7 140.00
合　计					¥42 000.00		¥7 140.00
价税合计（大写）	⊕肆万玖仟壹佰肆拾元整				（小写）¥49 140.00		
销货单位	名　　称：湖北枝江有限公司 纳税人识别号：420802848556322123 地 址、电 话：湖北省枝江市红旗路 16 号 3472007 开户行及账号：工商银行红旗支行 225702863212312312			备注	湖北枝江有限公司 420802848556322123 发票专用章		

收款人：　　　　复核：成丽　　　　开票人：李为　　　　销货单位：（章）

国税函〔2017〕562号北京印钞厂

第三联：发票联 购货方记账凭证

表 3-67

收 料 单

供应单位：湖南枝江有限公司　　　　2017 年 1 月 20 日　　　　编号：0123856

发票号码：012735566　　　　仓库：原料库

编号	材料名称	规格	单位	数量 应收	数量 实收	单价	十	万	千	百	十	元	角	分
	棉布		米	500	500	98.28		4	9	1	4	0	0	0
		运杂费												
		合计						4	9	1	4	0	0	0
备注														

保管员：刘颖　　　　记账：孙洁　　　　验收员：李平　　　　制单：张宁

第二联 财务部门记账

【业务7】 要求填列税金及附加计算表数据。

表3-68

税金及附加计算表

2017年1月31日

项　　目	金额（元）
应交增值税额	
应交城市维护建设税（7%）	
应交教育费附加（4.5%）	

复核：邹霞　　　　　　　　　　　　制单：唐燕

2. 登记“应交税费——应交增值税”明细账（见表3-69）。

表3-69

应交税费——应交增值税明细账

年		凭证号数	摘要	借方						贷方					余额
月	日			合计	进项税额	已交税金	减免税额	出口递减内销产品应纳税额	转出未交增值税	合计	销项税额	出口退税	进项税额转出	转出多交增值税	

3. 根据“应交税费——应交增值税”明细账，填制增值税纳税申报表（小规模纳税人适用）附列资料（见表3-70）。

表 3-70

增值税纳税申报表（小规模纳税人适用）附列资料

税款所属期：　　年　　月　　日至　　年　　月　　日　　　　　　　　填表日期：　　年　　月　　日

纳税人名称（公章）：　　　　　　　　　　　　　　　　　　　　　　　　　　金额单位：元至角分

服务扣除额计算			
期初余额	本期发生额	本期扣除额	期末余额
1	2	3（3≤1+2之和，且3≤5）	4=1+2-3
计税销售额计算			
全部含税收入	本期扣除额	含税销售额	不含税销售额
5	6=3	7=5-6	8=7÷1.03

4. 根据以上资料，填制增值税纳税申报表（小规模纳税人适用）（见表 3-71）。

表 3-71

增值税纳税申报表

（小规模纳税人适用）

纳税人识别号：□□□□□□□□□□□□□□□□□□□□

纳税人名称（公章）：　　　　　　　　　　　　　　　　　　　　　　　　　　金额单位：元至角分

税款所属期：　　年　　月　　日至　　年　　月　　日　　　　　　　　填表日期：　　年　　月　　日

	项　　目	栏次	本期数		本年累计	
			货物及劳务	服务、不动产和无形资产	货物及劳务	服务、不动产和无形资产
一、计税依据	（一）应征增值税不含税销售额（3%征收率）	1				
	税务机关代开的增值税专用发票不含税销售额	2				
	税控器具开具的普通发票不含税销售额	3				
	（二）应征增值税不含税销售额（5%征收率）	4	——		——	

续表

<table>
<tr><td rowspan="2" colspan="2">项　　目</td><td rowspan="2">栏次</td><td colspan="2">本期数</td><td colspan="2">本年累计</td></tr>
<tr><td>货物及劳务</td><td>服务、不动产和无形资产</td><td>货物及劳务</td><td>服务、不动产和无形资产</td></tr>
<tr><td rowspan="10">一、计税依据</td><td>税务机关代开的增值税专用发票不含税销售额</td><td>5</td><td>——</td><td></td><td>——</td><td></td></tr>
<tr><td>税控器具开具的普通发票不含税销售额</td><td>6</td><td>——</td><td></td><td>——</td><td></td></tr>
<tr><td>（三）销售使用过的固定资产不含税销售额</td><td>7（7≥8）</td><td></td><td>——</td><td></td><td>——</td></tr>
<tr><td>其中：税控器具开具的普通发票不含税销售额</td><td>8</td><td></td><td>——</td><td></td><td>——</td></tr>
<tr><td>（四）免税销售额</td><td>9=10+11+12</td><td></td><td></td><td></td><td></td></tr>
<tr><td>其中：小微企业免税销售额</td><td>10</td><td></td><td></td><td></td><td></td></tr>
<tr><td>未达起征点销售额</td><td>11</td><td></td><td></td><td></td><td></td></tr>
<tr><td>其他免税销售额</td><td>12</td><td></td><td></td><td></td><td></td></tr>
<tr><td>（五）出口免税销售额</td><td>13（13≥14）</td><td></td><td></td><td></td><td></td></tr>
<tr><td>其中：税控器具开具的普通发票销售额</td><td>14</td><td></td><td></td><td></td><td></td></tr>
<tr><td rowspan="8">二、税款计算</td><td>本期应纳税额</td><td>15</td><td></td><td></td><td></td><td></td></tr>
<tr><td>本期应纳税额减征额</td><td>16</td><td></td><td></td><td></td><td></td></tr>
<tr><td>本期免税额</td><td>17</td><td></td><td></td><td></td><td></td></tr>
<tr><td>其中：小微企业免税额</td><td>18</td><td></td><td></td><td></td><td></td></tr>
<tr><td>未达起征点免税额</td><td>19</td><td></td><td></td><td></td><td></td></tr>
<tr><td>应纳税额合计</td><td>20=15-16</td><td></td><td></td><td></td><td></td></tr>
<tr><td>本期预缴税额</td><td>21</td><td></td><td></td><td>——</td><td>——</td></tr>
<tr><td>本期应补（退）税额</td><td>22=20-21</td><td></td><td></td><td>——</td><td>——</td></tr>
</table>

<table>
<tr><td rowspan="4">纳税人或代理人声明：
本纳税申报表是根据国家税收法律法规及相关规定填报的，我确定它是真实的、可靠的、完整的。</td><td>如纳税人填报，由纳税人填写以下各栏：</td></tr>
<tr><td>办税人员（签章）：　　　财务负责人（签章）：
法定代表人（签章）：　　联系电话：</td></tr>
<tr><td>如委托代理人填报，由代理人填写以下各栏：</td></tr>
<tr><td>代理人名称（公章）：　　　经办人（签章）：
联系电话：</td></tr>
</table>

主管税务机关：　　　　接收人：　　　　接收日期：

项目 4　企业消费税业务训练

训练技能

1. 能准确计算自产外销、自产自用、委托加工和进口应税消费品情况下应纳的消费税额。
2. 能进行消费税会计处理并登记“应交税费——应交消费税”明细账。
3. 能熟练并正确地完成消费税纳税申报工作。

训练背景

企业名称：湖南万通有限公司
注册地：湖南省长沙市芙蓉南路 158 号
注册资金：60 万元
电话号码：0731—8564083（兼传真）
开户行：中国建设银行芙蓉路支行
账号：4367055506660888216
国税局税务登记类型：增值税一般纳税人
纳税人登记号：430102050678168888
法人代表：吴凯
会计主管：李霞
会计：学生本人（记账兼办税）、唐一（制单）、李霞（审核）
出纳员：文静

选用的会计政策：湖南万通有限公司从 2008 年 1 月 1 日起执行新《企业会计准则》，原材料、库存商品采用实际成本计价核算，并采用先进先出法计算发出存货的成本。

主营业务：酒、化妆品的生产及销售。自 2016 年 10 月 1 日起，成套化妆品税率调整为 15%。

流程介绍

消费税纳税申报流程如图 4-1 所示。

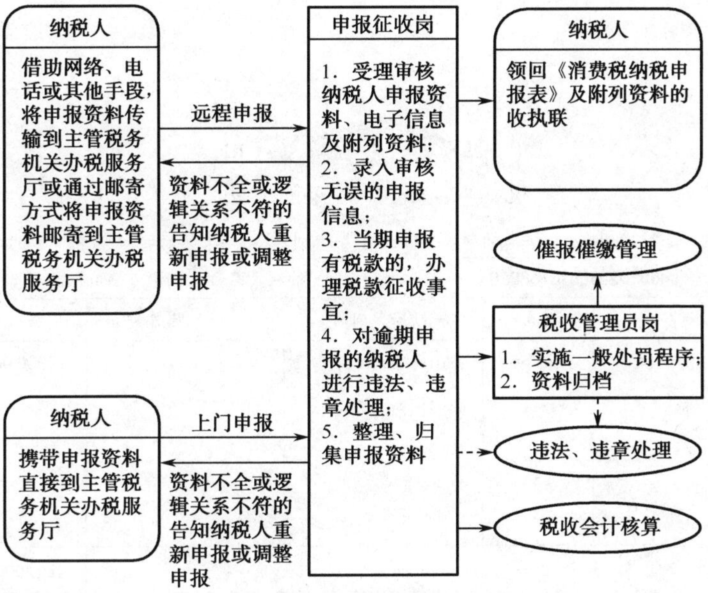

图 4-1　消费税纳税申报流程

备用物品

1. 记账凭证：（学生自备）。
2. 会计账簿：总分类账、三栏式明细账。
3. 税收缴款书：税收通用缴款书（训练专用）。
4. 纳税申报报表：消费税纳税申报表。

训练要求

1. 全面复习增值税法、消费税法，城建税、教育费附加的相关规定及其相关的会计处理方法。

2. 为了强化消费税的会计处理，对每笔业务进行一次应税处理，月末再填制消费税应纳税额汇总表。

3. 将训练过程视同从事实际工作，务必做到亲自动手，并且认真、严谨，做到笔笔清晰、字字端正、数据准确。

训练成果

1. 编制消费税涉税业务记账凭证。

以制单员的身份审核 2017 年 1 月份发生的经济业务所取得的原始凭证，并据此编制每笔消费税涉税业务的记账凭证（已知应交税费——应交消费税期初余额 12 000 元）。

【业务 1】

表 4-1

中 华 人 民 共 和 国
税 收 完 税 证 明

国

注册类型：有限责任公司　　填发日期：2017 年 1 月 7 日　　税务机关：芙蓉区国税局税源十科

纳税人识别号	430102050678168888			纳税人名称	湖南万通有限公司
原凭证号	税　种	品目名称	税款所属时期	入（返）库日期	实缴（返）金额
	消费税		2016-12-01 至 2016-12-31		12000.00
金额合计	（大写）壹万贰仟元整				¥12000.00
税务机关（盖章）	填票人 王科湖	备注：税票号码：02388542 税管员：李宏			

安 善 保 管 、手 写 无 效

此凭证仅作为纳税人的完税凭证，此外无效

【业务 2】

表 4-2

中 华 人 民 共 和 国
税 收 完 税 证 明

地

注册类型：有限责任公司　　填发日期：2017 年 1 月 8 日　　税务机关：芙蓉区地税局管理三科

纳税人识别号	430102050678168888			纳税人名称	湖南万通有限公司
原凭证号	税　种	品目名称	税款所属时期	入（返）库日期	实缴（返）金额
	城市维护建设税-消费税		2016-12-01 至 2016-12-31		840.00
	教育附加-消费税		2016-12-1 至 2016-12-31		540.00
金额合计	（大写）壹仟叁佰捌拾元整				¥1380.00
税务机关（盖章）	填票人 李玉	备注：税票号码：02388542 税管员：黄华			

安 善 保 管 、手 写 无 效

此凭证仅作为纳税人的完税凭证，此外无效

【业务 3】

表 4-3

湖南增值税专用发票

此联不作报销、扣税凭证使用

4300173130 № 01022239 4300163130 01022239

校验码 62172 24587 37865 34685 开票日期：2017 年 1 月 9 号

购货单位	名　　称：湘江建筑公司 纳税人识别号：430901506093362123 地 址、电 话：湖南津市车胤大道 48 号 0736-4230580 开户行及账号：建行津市支行 4367056753846863218	密码区	468/*1/3-6*90<**-22-9970*0> 416*/62+36+87685174-987+882 86<//192</415*40<5+104904*/ 642>739*/62+36+84464374/0-5

货物或应税劳务名称	规格型号	单位	数量	单价	金额	税率	税额
成套化妆品		盒	300	400.00	1 200 000.00	17%	204 000.00
合　　计					¥1 200 000.00		¥204 000.00
价税合计（大写）	⊕壹佰肆拾万零肆仟元整				（小写）¥1 404 000.00		

销货单位	名　　称：湖南万通有限公司 纳税人识别号：430102050678168888 地 址、电 话：长沙市芙蓉南路 158 号 0731-82242068 开户行及账号：建设银行芙蓉路支行 4367055506660888216	备注	

收款人：赵常　复核：李庆　开票人：张红　销货单位：（章）

国税函〔2017〕562号北京印钞厂

第一联：记账联 销货方记账凭证

（印章：湖南万通有限公司 430102050678168888 发票专用章）

表 4-4

建设银行 进 账 单（收账通知） 3

2017 年 1 月 9 日

收款人	全　称	湘江建筑公司	付款人	全　称	湖南万通有限公司
	账　号	4367056753846863218		账　号	4367055506660888216
	开户银行	建行津市支行		开户银行	建设银行芙蓉路支行

金额	人民币（大写）	壹佰肆拾万零肆仟元整	亿	千	百	十	万	千	百	十	元	角	分
				¥	1	4	0	4	0	0	0	0	0

票据种类	转支	票据张数	1
票据号码			

复核：　记账：　收款人开户银行签章

（印章：中国建设银行芙蓉支行 2017.01.09 转讫）

此联是收款人开户银行交给收款人的收账通知

【业务 4】

表 4-5

湖南增值税专用发票

此联不作报销、扣税凭证使用

4300173130　　　　№ 01022239　　4300173130 01022239

校验码 62172 24587 37865 34685　　开票日期：2017 年 1 月 10 日

购货单位	名　　称：湘江建筑公司 纳税人识别号：430901506093362123 地 址、电 话：湖南津市车胤大道 48 号 0736-4230580 开户行及账号：建行津市支行 4367056753846863218				密码区	468/*1/3-6*90<**-22-9970*0> 416*/62+36+87685174-987+882 86</192</415*40<5+104904*/ 642>739*/62+36+84464374/0-5		
货物或应税劳务名称	规格型号	单位	数量	单价	金额	税率	税额	
啤酒		吨	20	2 800.00	56 000.00	17%	9 520.00	
合　　计					¥56 000.00		¥9 520.00	
价税合计（大写）	⊕陆万伍仟伍佰贰拾元整				（小写）¥65 520.00			
销货单位	名　　称：湖南万通有限公司 纳税人识别号：430102050678168888 地 址、电 话：长沙市芙蓉南路 158 号 0731-82242068 开户行及账号：建设银行芙蓉路支行 4367055506660888216				备注			

收款人：赵常　　复核：李庆　　开票人：　　销货单位：（章）

国税函〔2017〕562号北京印钞厂

第一联：记账联　销货方记账凭证

（印章：湖南万通有限公司 430102050678168888 发票专用章）

表 4-6

建设银行　进 账 单（收账通知）　　3

2017 年 1 月 10 日

收款人	全　称	湘江建筑公司	付款人	全　称	湖南万通有限公司
	账　号	4367056753846863218		账　号	4367055506660888216
	开户银行	建行津市支行		开户银行	建设银行芙蓉路支行
金额	人民币（大写）	陆万伍仟伍佰贰拾元整		亿千百十万千百十元角分	¥6552000 0
票据种类	转支	票据张数	1		
票据号码					
复核：　记账：				收款人开户银行签章	

（印章：中国建设银行芙蓉支行 2017.01.10 转讫）

此联是收款人开户银行交给收款人的收账通知

表 4–7

产品出库单

购货单位：湘江建筑公司　　2017 年 1 月 10 日　　第 1205 号

产品名称	计量单位	出库数量	单位成本（元）	金额（元）	用途
啤酒	吨	20	2000	40000.00	销售
合　计				40000.00	

销售部负责人：　　仓库经办人：　　制表：

第二联　财务部门记账

表 4–8

湖南万通有限公司收款收据

2017 年 1 月 10 日　　第 086 号

今收到：湘江押金款										
人民币（大写）	陆仟元整 现金收讫		万	千	百	十	元	角	分	
			¥	6	0	0	0	0	0	
事由：啤酒包装物押金（限 3 个月）										
交款人	李伟	财务负责人		收款人	文静					

湖南万通有限公司 430102050678168888 发票专用章

第三联：记账联

【业务 5】

表 4–9

上海增值税专用发票

全国统一发票监制章 上海 国家税务总局监制

发票联

1310173130　　№ 00126455　　1310173130 00126455

校验码 62172 24587 37865 34685

开票日期：2017 年 1 月 20 日

购货单位	名　　称：湖南万通有限公司 纳税人识别号：430102050678168888 地 址、电 话：长沙市芙蓉南路 158 号 0731-82242068 开户行及账号：建设银行芙蓉路支行 436705550666088816			密码区	362/+*/3-6*30<**-22-9970*0> 416*/62+36+12454374-987+882 86<//192</415*40<5+104904*/ 642>739*/62+36+84469374/0-5		
货物或应税劳务名称	规格型号	单位	数 量	单 价	金 额	税率	税 额
加工费					15 000.00	17%	2 550.00
代垫辅料费					3 418.80	17%	581.20
合　　计					¥18 418.80		¥3 131.20
价税合计（大写）	⊕贰万壹仟伍佰伍拾元整				（小写）¥21 550.00		
销货单位	名　　称：上海澳宇有限责任公司 纳税人识别号：310115072811740123 地 址、电 话：上海市嘉定区利技路 021-58389546 开户行及账号：农行上海黄渡支行 830100040024768			备注	上海澳宇有限责任公司 310115072811740123 发票专用章		

收款人：　　复核：张酷　　开票人：夏冬　　销货单位：（章）

国税函〔2017〕562号北京印钞厂

第三联：发票联　购货方记账凭证

表 4-10

上海增值税专用发票

1310173130　　　　　　　　№ 00126455　　1310173130 00126455

抵扣联

校验码 62172 24587 37865 34685　　　　开票日期：2017 年 1 月 20 日

购货单位	名　　　称：湖南万通有限公司 纳税人识别号：430102050678168888 地 址、电 话：长沙市芙蓉南路 158 号 0731-82242068 开户行及账号：建设银行芙蓉路支行 436705550666088816			密码区	362/+*/3-6*30<**-22-9970*0> 416*/62+36+12454374-987+882 86<//192</415*40<5+104904*/ 642>739*/62+36+84469374/0-5		
货物或应税劳务名称	规格型号	单位	数量	单价	金额	税率	税额
加工费					15 000.00	17%	2 550.00
代垫辅料费					3 418.80	17%	581.20
合　　计					¥18 418.80		¥3 131.20
价税合计（大写）	⊕贰万壹仟伍佰伍拾元整				（小写）¥21 550.00		
销货单位	名　　　称：上海澳宇有限责任公司 纳税人识别号：310115072811740123 地 址、电 话：上海市嘉定区利技路 021-58389546 开户行及账号：农行上海黄渡支行 830100040024768			备注			

收款人：　　　复核：张酷　　　开票人：夏冬　　　销货单位：（章）

国税函[2017]562号北京印钞厂

第二联：抵扣联 购货方扣税凭证

上海澳宇有限责任公司 310115072811740123 发票专用章

表 4-11

领　料　单

领料部门：生产车间　　　　2016 年 1 月 5 日　　　　编号：3245812

材料名称	编号	规格	单位	数量		单价（元）	金额（元）	记账
				请领	实发			
A 材料			桶	400	400	200.00	80000.00	
工作单号			用途	委托加工化妆品				
工作项目								

审批：魏荣　　　记账：　　　发料人：陈力　　　领料人：戴德

第二联 会计部门记账

表 4-12

产品入库单

购货单位：湖南万通有限公司　　2016 年 1 月 21 日　　第 1205 号

产品名称	计量单位	出库数量	单位成本（元）	金额（元）	用途
化妆品	瓶	1000	140.59829	140598.29	加工收回
合计				140598.29	

销售部负责人：齐美　　仓库经办人：张阳　　制表：李沛

表 4-13

长沙市石钞证券印制有限责任公司 · 2017年印制

中国银行
转账支票存根
10201320
DH 00724026

附加信息

出票日期　2017 年 1 月 20 日

收款人：上海澳宇有限责任公司

金 额：¥63 729.49

用 途：付加工费及税金

单位主管　　会计

【业务6】

表 4-14

上海增值税专用发票

1310173130 No 01022239 1310173130 01022239

此联不作报销、扣税凭证使用

校验码 62172 24587 37865 34685 开票日期：2017年1月20日

购货单位	名　　称：开通服装有限公司 纳税人识别号：430901506093343123 地 址、电 话：湖南津市车胤道48号 0736-4230532 开户行及账号：建行津市支行 4367056753846863298	密码区	362/+*/3-6*30<**-22-9970*0> 416*/62+36+12454374-987+882 86<//192</415*40<5+104904*/ 642>739*/62+36+84469374/0-5

货物或应税劳务名称	规格型号	单位	数量	单价	金额	税率	税额
高档化妆品（护肤类）		瓶	1000	145.00	145 000.00	17%	24 650.00
合　　计					¥145 000.00		¥24 650.00
价税合计（大写）	⊕壹拾陆万玖仟陆佰伍拾元整				（小写）¥169 650.00		

销货单位	名　　称：湖南万通有限公司 纳税人识别号：430102050678168888 地 址、电 话：长沙市芙蓉南路158号 0731-82242068 开户行及账号：建设银行芙蓉路支行 4367055506660888216	备注	

收款人：赵常　　复核：李庆　　开票人：张红　　销货单位：（章）

国税函[2017]562号北京印钞厂

第一联：记账联 销货方记账凭证

（印章：湖南万通有限公司 430102050678168888 发票专用章）

表 4-15

建设银行 进账单（收账通知） 3

2017年1月22日

收款人	全　称	湖南万通有限公司	付款人	全　称	开通服饰有限公司
	账　号	4367055506660888216		账　号	4367056753846863298
	开户银行	建设银行芙蓉路支行		开户银行	建行津市支行
金额	人民币（大写）	壹拾陆万玖仟陆佰伍拾元整		亿千百十万千百十元角分	¥16965000
票据种类	转支	票据张数	1		
票据号码					
复核：　记账：				收款人开户银行签章	

（印章：中国建设银行津市支行 2017.01.22 转讫）

此联是收款人开户银行交给收款人的收账通知

表 4-16

湖南增值税普通发票

4300173130　　　　　　　　　　　　　　№ 00007841　　4300173130
　　　　　　　　　　　　　　　　　　　　　　　　　　00007841

校验码 62172 24587 37865 34685　　　　　　　　开票日期：2017 年 1 月 22 日

购货单位	名　　称：湖南万通有限公司 纳税人识别号：430102050678168888 地 址、电 话：长沙市芙蓉南路 158 号 0731-82242068 开户行及账号：建设银行芙蓉路支行 436705550666088816				密码区	362/*1/3-6*90<**-22-9970*0> 416*/62+36+87685174-987+882 86<//192</415*40<5+104904*/ 642>739*/62+36+84464374/0-5		
货物或应税劳务名称	规格型号	单位	数 量	单 价	金 额	税率	税 额	
运费					765.77	11%	84.23	
合　计					¥765.77		¥84.23	
价税合计（大写）	⊕捌佰伍拾元整				（小写）¥850.00			
销货单位	名　　称：湖南长沙佳佳运输公司 纳税人识别号：102800339658370123 地 址、电 话：长沙市芙蓉南路 158 号 0731-8564083 开户行及账号：建设银行芙蓉路支行 4368066605120762317				备注	湖南长沙佳佳运输公司 102800339658370123 发票专用章		

收款人：赵常　　复核：李庆　　开票人：刘平　　销货单位：（章）

国税函〔2017〕562号北京印钞厂

第三联：发票联　购货方记账凭证

注：收取的本运输单据税务局不同意抵扣进项税额。

表 4-17

中国银行
转账支票存根
10201320
DH 20102323

附加信息

出票日期　2017 年 1 月 22 日

收款人：湖南长沙佳佳运输公司	
金 额：¥850.00	
用 途：支付运输费	

单位主管　　会计

长沙市石钞证券印制有限责任公司·2017年印制

【业务7】

表 4–18

湖南增值税专用发票

4300173130　　此联不作报销、扣税凭证使用　　№ 00007841　　4300173130 00007841

校验码 62172 24587 37865 34685　　开票日期：2017 年 1 月 22

购货单位	名　　称：中山有限公司 纳税人识别号：430901506093301 地 址、电 话：湖南津市车胤大道 48 号 0736-4230580 开户行及账号：建行津市支行 4367056753846863228				密码区	417/*1/3-6*90<**-22-9970*0> 416*/62+36+87685174-987+882 86<//192</415*40<5+104904*/ 642>739*/62+36+84464374/0-5	
货物或应税劳务名称	规格型号	单位	数量	单价	金额	税率	税额
白酒		吨	20	5 800.00	116 000.00	17%	19 720.00
包装物					25 000.00	17%	4 250.00
合　　计					¥141 000.00		¥23 970.00
价税合计（大写）	⊕壹拾陆万肆仟玖佰柒拾元整				（小写）¥164 970.00		
销货单位	名　　称：湖南万通有限公司 纳税人识别号：430102050678168888 地 址、电 话：长沙市芙蓉南路 158 号 0731-82242068 开户行及账号：建设银行芙蓉路支行 4367055506660888216				备注	湖南万通有限公司 430102050678168888 发票专用章	

收款人：赵常　　复核：李庆　　开票人：张红　　销货单位：（章）

国税函〔2017〕562号北京印钞厂

第一联：记账联 销货方记账凭证

表 4–19

建设银行 进 账 单（收账通知）　　3

2017 年 1 月 26 日

收款人	全　称	中山有限公司	付款人	全　称	湖南万通有限公司
	账　号	4367056753846863228		账　号	4367055506660888216
	开户银行	建行津市支行		开户银行	长沙芙蓉路支行
金额	人民币（大写）	壹拾陆万肆仟玖佰柒拾元整		亿千百十万千百十元角分	¥16497000 0
票据种类	转支	票据张数	1		
票据号码					
复核：　　记账：				中国建设银行芙蓉支行 2017.01.26 转讫 收款人开户银行签章	

此联是收款人开户银行交给收款人的收账通知

表 4-20

产品出库单

购货单位：中山有限公司　　　　2017 年 1 月 26 日　　　　第　1205 号

产品名称	计量单位	出库数量	单位成本（元）	金额（元）	用途
白酒	吨	20	4000	80000.00	销售
合　计				80000.00	

第二联 财务部门记账

销售部负责人：齐美　　　　仓库经办人：张阳　　　　制表：刘佳

表 4-21

湖南万通有限公司收款收据

2017 年　1 月　26 日　　　　第 086　号

今收到：中山有限公司支付白酒价外补贴									
人民币（大写）	贰万肆仟元整 现金收讫		万	千	百	十	元	角	分
			2	4	0	0	0	0	0
事由：白酒价外补贴									
交款人	刘东	财务负责人		收款人		文静			

第三联：记账联

湖南万通有限公司 430102050678168888 发票专用章

【业务 8】

表 4-22

中国工商银行
转账支票存根
10201320
VI　I103467931

附加信息

出票日期　2017 年 1 月 26 日

收款人：长沙电视广告公司
金　额：¥50 000.00
用　途：支付广告发布费

单位主管　陈娟　　会计　黄灵

长沙市石钞证券印制有限责任公司 · 2017 年印制

表 4-23

湖南增值税专用发票

4300173130　　　　№ 01015173　　4300173130 01015173

校验码 62172 24587 37865 34685　　　　发票联　　　　开票日期：2017 年 1 月 28 日

购货单位	名　　称：湖南万通有限公司 纳税人识别号：430102050678168888 地 址、电 话：长沙市芙蓉南路 158 号 0731-82242068 开户行及账号：建设银行芙蓉路支行 436705550666088816				密码区	362/+*/3-6*30<**-22-9970*0> 416*/62+36+12454374-987+882 86<//192</415*40<5+106904*/ 642>739*/62+36+84469374/0-5		
货物或应税劳务名称		规格型号	单位	数 量	单 价	金　额	税率	税　额
白酒广告发布费						48 543.69	3%	1 456.31
合　计						¥48 543.69		¥1 456.31
价税合计（大写）	⊕伍万元整					（小写）¥50 000.00		
销货单位	名　　称：长沙电视广告公司 纳税人识别号：430121097482557123 地 址、电 话：长沙市嘉定区利技路 0731-58389546 开户行及账号：农行长沙黄渡支行 03-830100040024768				备注	长沙电视广告公司 430121097482557123 发票专用章		

收款人：　　复核：张酷　　开票人：刘海　　销货单位：（章）

国税函〔2017〕562号北京印钞厂

第三联：发票联　购货方记账凭证

【业务 9】 填列税金及附加计算表。

表 4-24

税金及附加计算表

年　月　日

项　　目	金额（元）
应交增值税、消费税额	
应交城市维护建设税（7%）	
应交教育费附加（4.5%）	

复核：　　　　制单：

2. 登记“应交税费——应交消费税”明细账（见表 4-25）。

表 4-25

应交税费—应交消费税　明细账

年		凭证号	摘要	借方											贷方											借或贷	余额										
月	日			亿	千	百	十	万	千	百	十	元	角	分	亿	千	百	十	万	千	百	十	元	角	分		亿	千	百	十	万	千	百	十	元	角	分

3. 根据“应交税费——应交消费税”明细账，填制消费税纳税申报表（见表 4-26 和表 4-27）。

表 4-26　　酒及酒精消费税纳税申报表

税款所属期：　年　月　日至　年　月　日

纳税人名称（公章）：　　纳税人识别号：

填表日期：2017 年 2 月 8 日　　金额单位：元（列至角分）

项目 应税消费品名称	适用税率		销售数量	销售额	应纳税额
	定额税率	比例税率			
粮食白酒	0.5 元/斤	20%			
薯类白酒	0.5 元/斤	20%			
啤酒	250 元/吨	——			
啤酒	220 元/吨	——			
黄酒	240 元/吨	——			
其他酒	——	10%			
酒精	——	5%			
合计	——	——	——	——	

续表

<table>
<tr><td rowspan="2">项目
应税
消费品名称</td><td colspan="2">适用税率</td><td rowspan="2">销售数量</td><td rowspan="2">销售额</td><td rowspan="2">应纳税额</td></tr>
<tr><td>定额税率</td><td>比例税率</td></tr>
<tr><td colspan="4"></td><td colspan="2" rowspan="4">**声明**

此纳税申报表是根据国家税收法律的规定填报的，我确定它是真实的、可靠的、完整的。

经办人（签章）：
财务负责人（签章）：
联系电话：</td></tr>
<tr><td colspan="4">本期准予抵减税额：</td></tr>
<tr><td colspan="4">本期减（免）税额：</td></tr>
<tr><td colspan="4">期初未缴税额：</td></tr>
<tr><td colspan="4">本期缴纳前期应纳税额：</td><td colspan="2" rowspan="4">（如果你已委托代理人申报，请填写）
授权声明

为代理一切税务事宜，现授权________（地址）________________为本纳税人的代理申报人，任何与本申报表有关的往来文件，都可寄予此人。
授权人签章：</td></tr>
<tr><td colspan="4">本期预缴税额：</td></tr>
<tr><td colspan="4">本期应补（退）税额：</td></tr>
<tr><td colspan="4">期末未缴税额：</td></tr>
</table>

以下由税务机关填写

受理人（签章）：　　　　　　　　受理日期：　　年　　月　　日　　　　　受理税务机关（章）：

课后谈税

其他应税消费品消费税纳税申报表限高档化妆品、贵重首饰及珠宝玉石、鞭炮焰火、摩托车（排量>250毫升）、摩托车（排量=250毫升）、高尔夫球及球具、高档手表、游艇、木制一次性筷子、实木地板、超豪华小汽车等消费税纳税人使用。其中，“应税消费品名称”和“适用税率”按照以下内容填写：高档化妆品：15%；贵重首饰及珠宝玉石：10%；金银首饰（铂金首饰、钻石及钻石饰品）：5%；鞭炮焰火：15%；摩托车（排量>250毫升）：10%；摩托车（排量=250毫升）：3%；高尔夫球及球具：10%；高档手表：20%；游艇：10%；木制一次性筷子：5%；实木地板：5%；超豪华小汽车：10%。

表 4-27

其他应税消费品消费税纳税申报表

税款所属期：　　年　　月　　日至　　年　　月　　日

纳税人名称（公章）：　　　　纳税人识别号：| | | | | | | | | | | | | | | | | | | | |

填表日期：2017 年 2 月 8 日　　　　金额单位：元（列至角分）

项目 应税消费品名称	适用税率	销售数量	销售额	应纳税额
合计	——	——	——	

本期准予抵减税额：	**声明** **此纳税申报表是根据国家税收法律的规定填报的，我确定它是真实的、可靠的、完整的。** 经办人（签章）： 财务负责人（签章）： 联系电话：
本期减（免）税额：	
期初未缴税额：	
本期缴纳前期应纳税额：	（如果你已委托代理人申报，请填写） 授权声明 为代理一切税务事宜，现授权________（地址）________为本纳税人的代理申报人，任何与本申报表有关的往来文件，都可寄予此人。 授权人签章：
本期预缴税额：	
本期应补（退）税额：	
期末未缴税额：	

以下由税务机关填写

受理人（签章）：　　　　受理日期：　　年　　月　　日　　　　受理税务机关（章）：

项目 5　企业关税业务训练

训练技能

1. 能准确计算进出口货物应纳关税税额，并填制海关进口关税专用缴款书。
2. 能根据进出口业务进行关税的会计处理，并能熟练办理报关工作。
3. 能准确计算进口货物的进口增值税与消费税，并填制海关进口增值税专用缴款书。

训练背景

1. 企业概况

企业名称：湖南万方进出口公司

注册地：湖南省长沙市芙蓉中路 100 号

注册资金：3000 万元

电话号码：0731—82242089（兼传真）

开户行：中国建设银行芙蓉路支行

账号：43670555066660888793

国税局税务登记类型：增值税一般纳税人

纳税人登记号：430302050678162222

进出口货物许可证号：4321688450

经营范围：商品的进口与出口

法人代表：王凯

会计主管：邹娟

会计：学生本人（记账兼报关）、唐飞（制单）、邹娟（审核）

2. 经济业务说明

湖南万方进出口公司于 2017 年 1 月 3 日从中国香港进口一批三星手机 810，批准文号为 090031376，进口关税税率为 5%，当天的外汇牌价为 USD1 = RMB6. 20。2017 年 1 月 13 日出口山羊板皮，批准文号为 090081327，出口关税税率为 10%，当天的外汇牌价为 USD1 = RMB6. 20。

训练操作

1. 根据进口应税货物，确定进口完税价格，计算应纳的进口货物关税和应纳进口环节增值税。

2. 根据出口应税货物，确定出口完税价格，计算应纳的出口货物关税。

3. 根据单位进口业务，计算进口环节增值税。

4. 根据出口业务资料，填制报关单和海关专用缴款书。

流程介绍

货物报关流程如图 5-1 所示。

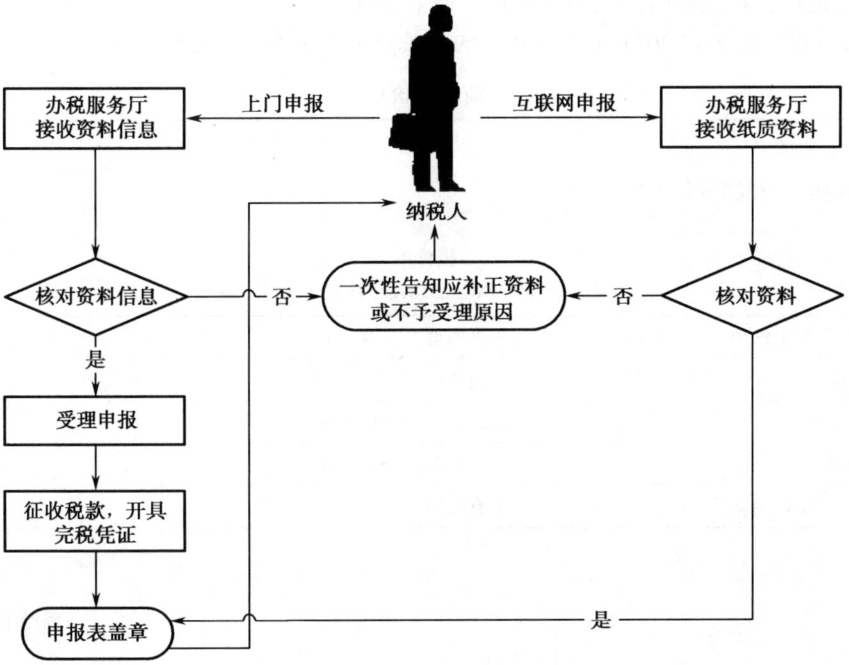

图 5-1　货物报关流程

备用物品

1. 记账凭证：付款凭证、收款凭证、转账凭证。

2. 备用账页：总分类账页，三栏式明细账页。

3. 进出口货物报关单、进出口关税专用缴款书、退免税申报表、关税税额计算汇总表。

训练要求

1. 全面复习增值税法、消费税法中有关企业出口退免税的规定，关税税法中有关进口关税的应税规定。

2. 全面了解进出口涉税业务基本流程，进出口增值税、消费税、关税的计税步骤和方法，熟悉进出口货物涉税单证。

3. 认真复习出口退免增值税、退免消费税，进出口关税的会计处理方法，以及出口退免税、进出口关税的纳税申报方法。

训练成果

1. 计算进口货物应纳的关税税额和进口增值税额。

湖南万方进出口公司 2017 年进口业务的相关资料如表 5-1～表 5-4 所示。

表 5-1　　　　商品报价单

一路顺丰公司

香港湾仔明星路 23 号好望角广场 B 栋 203 室

报价单

致：湖南万方进出口公司　　本公司档号：09675231876　日期：2017. 1. 3

货物名称：三星手机 810	来源地：中国香港
数量：50 部	包装：
单价：USD8100	总金额：USD405000
检验人：王丹	付运费：USD3050
付款方式：信用证结算	有效期：

备注：

一路顺丰公司

授权签字

表 5-2 **商业发票**

一路顺丰公司
香港湾仔明星路 23 号好望角广场 B 栋 203 室

商业发票

订单编号：09713456123	本公司档号：09613126514
发货日期：2017 年 1 月 3 日	发票编号：09532891
付款条件：FOB 价结算	计价货币：USD
买方：中国. 湖南万方进出口公司	付运费：USD3050

货物说明	数量	单价	金额
三星手机 810	50	USD8100	USD405000
总计			USD408050

备注：

一路顺丰公司

授权签字

表 5-3 **货物装箱单**

一路顺丰公司
香港湾仔明星路 23 号好望角广场 B 栋 203 室

货物装箱单

订单编号：09713456123	本公司档号：09613126514
发货日期：2017 年 1 月 3 日	发票编号：09532891
买方：中国. 湖南万方进出口公司	运往：中国. 长沙口岸
标示及货件编号：	

货物说明	净重	毛重	尺寸
三星手机 810	2000kg	2800kg	4. 12×2. 12×2m
总计			1 件

备注：

一路顺丰公司

授权签字

表 5-4

通财保险有限公司

海运货物保险单

订货单编号：09713456123	运输工具及名称：海运
投保人：中国. 湖南万方进出口公司	赔款支付人：通财保险有限公司
保险金额： USD405000	保险率：3‰
发货港：中国香港	所经港口/目的港：中国.长沙

运输工具及名称：

发货港：______________ 所经港口/目的港：________

承保内容：

条件：

根据 1982 年 1 月 1 日修订的协会货物条款（A）

根据 1982 年 1 月 1 日修订的协会货物条款（B）

根据 1982 年 1 月 1 日修订的协会货物条款（C）

根据 1982 年 1 月 1 日修订的协会货物条款（战争险）

根据 1982 年 1 月 1 日修订的协会货物条款（罢工险）

（一般条件和条款）

保险单签署地点日期：2017 年 1 月 3 日

通财保险有限公司 合同专用章

投保地点：中国.长沙

备注：

通财保险有限公司代表

授权签名

2. 填制进口货物报关单（见表5-5）、进口关税专用缴款书（见表5-6）、进口增值税缴款单（见表5-7）。

表5-5　　中华人民共和国海关进口货物报关单

预录入编号：　　　　　　　　　　　　　　　　　　海关编号：01234562

收发货人	进口口岸	进口日期	申报日期	
消费者使用单位	运输方式	运输工具名称	提运单号	
申报单位	监管方式	征免性质	备案号	
贸易国（地区）	启运国（地区）	装货港	境内目的地	
许可证号	成交方式	运费	保费	杂费
合同协议号	件数	包装种类	毛重（千克）	净重（千克）
集装箱号	随附单据			
标记唛码及备注				
项号　商品编号　商品名称、规格型号　数量及单位　原产国（地区）　单价　总价　币制　征免				
特殊关系确认：	价格影响确认：	支付特许权使用费确认：		
录入员　录入单位	兹申明以上申报无讹，并承担法律责任	海关批注及签章		
报关人员	申报单位（签章）			

表 5-6　　海关进口关税专用缴款书（收据联）

收入系统：　　　　填发日期：　　年　　月　　日　　　　No.

<table>
<tr><td rowspan="3">收款单位</td><td>收入机关</td><td colspan="3"></td><td rowspan="3">缴款单位（人）</td><td>名　称</td><td></td><td rowspan="11">第一联：（收据）国库收款签章后交缴款单位或缴款人</td></tr>
<tr><td>科　目</td><td></td><td>预算级次</td><td></td><td>账　号</td><td></td></tr>
<tr><td>收缴国库</td><td colspan="3"></td><td>开户银行</td><td></td></tr>
<tr><td>税号</td><td>货物名称</td><td>数量</td><td>单位</td><td colspan="2">完税价格（¥）</td><td>税率（%）</td><td>税款金额（¥）</td></tr>
<tr><td></td><td></td><td></td><td></td><td colspan="2"></td><td></td><td></td></tr>
<tr><td></td><td></td><td></td><td></td><td colspan="2"></td><td></td><td></td></tr>
<tr><td colspan="7">金额人民币（大写）</td><td>合计（¥）</td></tr>
<tr><td colspan="2">申请单位编号</td><td></td><td>报关单编号</td><td></td><td colspan="2">填制单位</td><td>收缴国库（银行）</td></tr>
<tr><td colspan="2">合同（批文）号</td><td></td><td>运输工具号</td><td></td><td colspan="2" rowspan="3">制单人：
复核人：</td><td rowspan="3"></td></tr>
<tr><td colspan="2">缴款日期</td><td>年　月　日</td><td>提/装货单号</td><td></td></tr>
<tr><td>备注</td><td colspan="4">一般征税：
国际代码：</td></tr>
</table>

表 5-7　　海关进口增值税专用缴款书（收据联）

收入系统：　　　　填发日期：　　年　　月　　日　　　　No.

<table>
<tr><td rowspan="3">收款单位</td><td>收入机关</td><td colspan="3"></td><td rowspan="3">缴款单位（人）</td><td>名　称</td><td></td><td rowspan="11">第一联：（收据）国库收款签章后交缴款单位或缴款人</td></tr>
<tr><td>科　目</td><td></td><td>预算级次</td><td></td><td>账　号</td><td></td></tr>
<tr><td>收缴国库</td><td colspan="3"></td><td>开户银行</td><td></td></tr>
<tr><td>税号</td><td>货物名称</td><td>数量</td><td>单位</td><td colspan="2">完税价格（¥）</td><td>税率（%）</td><td>税款金额（¥）</td></tr>
<tr><td></td><td></td><td></td><td></td><td colspan="2"></td><td></td><td></td></tr>
<tr><td></td><td></td><td></td><td></td><td colspan="2"></td><td></td><td></td></tr>
<tr><td colspan="7">金额人民币（大写）</td><td>合计（¥）</td></tr>
<tr><td colspan="2">申请单位编号</td><td></td><td>报关单编号</td><td></td><td colspan="2">填制单位</td><td>收缴国库（银行）</td></tr>
<tr><td colspan="2">合同（批文）号</td><td></td><td>运输工具号</td><td></td><td colspan="2" rowspan="3">制单人：
复核人：</td><td rowspan="3"></td></tr>
<tr><td colspan="2">缴款日期</td><td>年　月　日</td><td>提/装货单号</td><td></td></tr>
<tr><td>备注</td><td colspan="4">一般征税：
国际代码：</td></tr>
</table>

3. 计算出口货物应纳的关税税额，并填制出口货物报关单。

湖南万方进出口公司2017年出口业务的相关资料如表5-8所示，出口货物报关单如表5-9所示。

表5-8

出口专用

湖南省长沙市出口货物销售发票

发票代码：4300045　　HUNAN EXPORT SALES UNIFORM INVOICE　　发票号码：No 0035641

记账联

COUNTERFOIL

2017年01月13日

<table>
<tr><td>购销货单位</td><td colspan="2">名　　称：湖南万方进出口公司
纳税人识别号：430302050678162222
地址、电话：湖南省长沙市芙蓉中路100号0731-82242089
开户行及账号：中国建设银行芙蓉路支行4367055506660888793</td><td>密口岸与目的地</td><td>装船口岸：
FROM 长沙
目的地：
TO 韩国</td><td>批准文号：090081327
合同号：
Contract No：000923876
信用证号：
Letter of Credit No：622664260016</td><td rowspan="3">第三联
记账联</td></tr>
<tr><td colspan="2">唛号 Marks ￡ Nos
山羊板皮</td><td>货物数量 Quantities and Descriptions
220000</td><td colspan="2">单价 Unit Price
USD1</td><td>总值 Amount
USD220000</td></tr>
<tr><td colspan="2">开票单位（公章）</td><td colspan="4">湖南万方进出口公司</td></tr>
</table>

开票人　陈浩

表 5-9　　　　中华人民共和国海关出口货物报关单

预录入编号：　　　　　　　　　　　　　　　　　　　　　　　　　　海关编号：054861842

收发货人	出口口岸	出口日期	申报日期	
生产销售单位	运输方式	运输工具名称	提运单号	
申报单位	监管方式	征免性质	备案号	
贸易国（地区）	运抵国（地区）	指运港	境内货源地	
许可证号	成交方式	运费	保费	杂费
合同协议号	件数	包装种类	毛重（千克）	净重（千克）
集装箱号	随附单据			
标记唛码及备注				

项号	商品编号	商品名称、规格型号	数量及单位	原产国（地区）	单价	总价	币制	征免

特殊关系确认：	价格影响确认：	支付特许权使用费确认：
录入员　录入单位	兹申明以上申报无讹，并承担法律责任	海关批注及签章
报关人员	申报单位（签章）	

4. 填制进出口业务应交关税税额计算表（见表5-10），并进行相应会计处理。

表5-10

进出口业务应交关税税额计算表

年　月　日　至　年　月　日

单位：元

项目	商品名称	关税完税价格	适应税率	应交关税税额
进口				
	合计			
出口				
	合计			

财务负责人：邹娟　　　　制单：唐飞

项目 6　企业所得税业务训练

训练 6-1　查账征收企业所得税核算与季度纳税申报

训练技能

1. 能熟练编制企业资产负债表与利润表。
2. 能够正确计算企业月（季）度预缴所得税税款。
3. 能够正确、规范填写企业所得税月（季）度预缴申报表，并进行所得税预缴工作。

训练背景

1. 企业概况

长沙明华机械厂为增值税一般纳税人，适用 17%的增值税税率，城建税税率 7%，教育费附加税率 3%，企业所得税税率 25%。主要从事各种机械设备的研发、生产和销售。公司法定代表人：杨平，单位地址：湖南省长沙市三一路 28 号，公司电话：0731-82625670。公司的纳税人识别号：430104712261524123，开户行：工商银行星沙支行，账号：9012025472973826。该企业的所得税实行查账征收，按实际利润的 25%分季预缴；该公司的会计核算采用记账凭证账务处理程序，存货采用实际成本计价法核算，所得税采用应付税款法。公司的会计主管：陈娟，记账员：黄灵，审核：陈娟，办税员：李芳，出纳：贺艳。

2. 经济业务说明

该厂于 2017 年 1 月 12 日办理了 2016 年第 4 季度的预缴申报，于 2017 年 3 月 20 日办理了 2016 年所得税年度纳税申报。假定该单位税种仅为增值税、城建税、教育费附加、企业所得税，其他税费不考虑，已知 1~3 季度已预缴所得税 462413. 75 元。

流程介绍

企业所得税月度预缴纳税流程如图 6-1 所示。

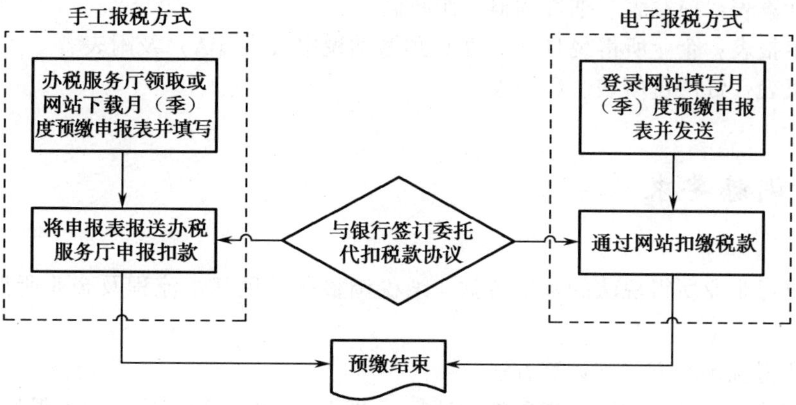

图 6-1　企业所得税月度预缴纳税流程

企业所得税网上申报操作流程如图 6-2 所示。

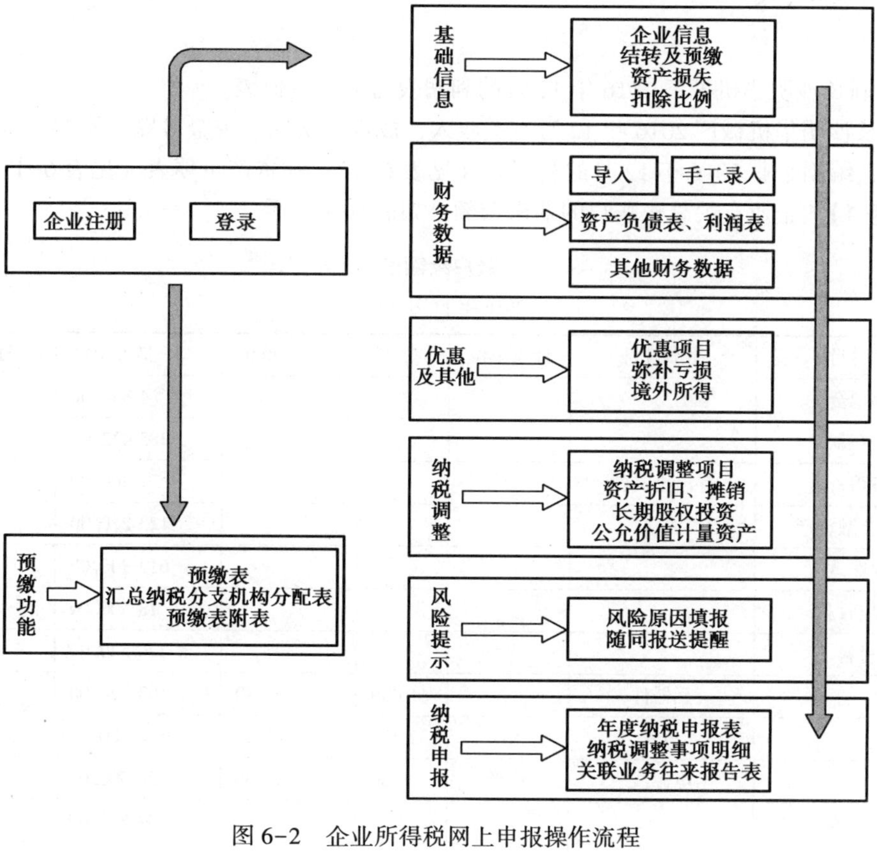

图 6-2　企业所得税网上申报操作流程

备用物品

1. 凭证账簿：转账凭证、付款凭证（学生自备）、三栏式总账及明细分类账。

2. 税额计算表：损益表、纳税调整工作底稿。
3. 纳税申报表：企业所得税月（季度）预缴纳税申报表（A）及附表。
4. 财务报表：资产负债表、利润表。

训练要求

1. 全面复习企业所得税法的基本条款、纳税调整法计税基本流程及企业所得税的会计处理方法。
2. 熟悉所得税预缴方式与计算方法。
3. 模拟训练时，既可向训练指导教师请教，也可与其他同学讨论，但不得相互抄袭。

训练成果

1. 编制长沙明华机械厂 2016 年 12 月的利润表与资产负债表。

根据长沙明华机械厂 2016 年 12 月有关收入、成本、费用、税金等账户资料（见表 6-1～表 6-11），编制企业 2016 年 12 月的利润表（见表 6-12）和资产负债表（见表 6-13）。

【业务 1】 企业有关总账账户的期末余额，如表 6-1 所示。

表 6-1　　账户余额表

2016 年 11 月 30 日　　单位：元

总账科目	明细科目	计量单位	数量	单价	借方余额	贷方金额
库存现金					4 880.00	
银行存款					385 432.00	
其他货币资金	存出投资款				1 300.00	
交易性金融资产	成本				123 280.00	
应收账款					613 200.00	
其他应收款					18 500.00	
原材料					226 520.00	
	元器件	件	1 400	66.80	93 520.00	
	角铁	KG	2 600	42.50	110 500.00	
	电源线	百米	180	125.00	22 500.00	
生产成本					34 853.00	
	机械 AJ				13 400.00	
	机械 BJ				21 453.00	
库存商品					2 517 000.00	
	机械 AJ	台	240	4800.00	1 152 000.00	
	机械 BJ	台	200	6825.00	1 365 000.00	

续表

总账科目	明细科目	计量单位	数量	单价	借方余额	贷方金额
固定资产					1 794 085.00	
累计折旧						584 000.00
无形资产					200 000.00	
累计摊销						20 000.00
应付账款						1 153 300.00
应付职工薪酬						303 000.00
	工资					280 000.00
	职工福利					23 000.00
实收资本						2 000 000.00
资本公积						380 000.00
盈余公积						581 000.00
本年利润						514 850.00
利润分配	未分配利润					382 900.00
合计					5919 050.00	5919 050.00

【业务 2】 企业科目汇总情况（除本月损益类账户外），如表 6-2 所示。

表 6-2

科目汇总表

2016 年 12 月 1 日至 2016 年 12 月 31 日

单位：元

科目名称	借方金额合计	贷方金额合计
库存现金	4 000.00	2 800.00
银行存款	220 329.00	284 000.00
其他应收款	2 500.00	200.00
坏账准备	0	0
在途物资	0	0
原材料	747 450.00	82 660.00
库存商品	1 012 750.00	2 255 700.00
累计折旧	0	76 000.00
短期借款	0	0
应付职工薪酬	280 000.00	284 000.00
应交税费		422 367.25
应付利息	0	2 500.00
生产成本	287 660.00	0
制造费用	50 000.00	50 000.00
应收账款	1 099 800.00	30 000.00
应付账款	0	51 515.00
累计摊销	0	20 000.00
合　计	3 704 489.00	3 561 742.25

（注：应交税费包括 12 月份应纳的增值税、城建税、教育费附加和第 4 季度计提的所得税）

【业务 3】 企业涉税账户资料。2016 年 12 月企业相关账户资料如表 6-3~表 6-10 所示。

表 6-3

主营业务收入 总分类账

2016年 月	日	凭证号	摘要	借方（亿千百十万千百十元角分）	贷方（亿千百十万千百十元角分）	借或贷	余额（亿千百十万千百十元角分）
12	6	银收1	销售机械 AJ		203120000	借	203120000
	8	现收1	销售角铁		2050000	借	203325000
	10	转 7	销售机械 BJ		102270000	借	305595000
	24	银收10	销售机械 BJ		50580000	借	356175000
	20	转 28	结转主营业务收入	356175000		平	0
			本月合计	356175000	356175000	平	0
			本年累计	2500000000	2500000000	平	0

表 6-4

投资收益 总分类账

2016年 月	日	凭证号	摘要	借方（亿千百十万千百十元角分）	贷方（亿千百十万千百十元角分）	借或贷	余额（亿千百十万千百十元角分）
12	6	银收4	国债利息收入		2000000	贷	2000000
	8	银收8	高新公司投资收益		34000000	贷	36000000
	30	转 28	结转投资收益	36000000		平	0
			本月合计	36000000	36000000	平	0
			本年累计	36000000	36000000	平	0

表 6-5

营业外收入 总分类账

2016年 月	日	凭证号	摘要	借方（亿千百十万千百十元角分）	贷方（亿千百十万千百十元角分）	借或贷	余额（亿千百十万千百十元角分）
12	21	现收3	收取宏大公司违约金		300000	贷	300000
	26	银收8	处置3号设备净收益		69700000	贷	70000000
	30	转28	结转营业外收入	70000000		平	0
			本月合计	70000000	70000000	平	0
			本年累计	70000000	70000000	平	0

表 6-6

管理费用 总分类账

2016年 月	日	凭证号	摘要	借方（亿千百十万千百十元角分）	贷方（亿千百十万千百十元角分）	借或贷	余额（亿千百十万千百十元角分）
			承前页	43734000		借	43734000
12	3	现付2	购买办公用品	46000		借	43780000
	24	银付29	结转管理费用		43780000	平	0
			本月合计	43780000	43780000	平	0
			本年累计	480000000	480000000	平	0

表 6-7

销售费用 总分类账

2016年 月	日	凭证号	摘要	借方（亿千百十万千百十元角分）	贷方（亿千百十万千百十元角分）	借或贷	余额（亿千百十万千百十元角分）
			承前页	3780000		借	3780000
12	27	银付4	支付光改费 450 万/3	1500000000		借	1537800000
	30	转29	结转销售费用		1537800000	平	-0-
			本月合计	1537800000	1537800000	平	-0-
			本年累计	6700000000	6700000000	平	-0-

表 6-8

财务费用 总分类账

2016年 月	日	凭证号	摘要	借方（亿千百十万千百十元角分）	贷方（亿千百十万千百十元角分）	借或贷	余额（亿千百十万千百十元角分）
12	30	转27	计提银行借款利息	10000000		借	10000000
	30	转27	计提大连公司借款利息	450000		借	10450000
	30	转29	结转财务费用		10450000	平	-0-
			本月合计	10450000	10450000	平	-0-
			本年累计	600000000	600000000	平	-0-

表 6-9

税金及附加 总分类账

2016年 月	日	凭证号	摘要	借方（亿千百十万千百十元角分）	贷方（亿千百十万千百十元角分）	借或贷	余额（亿千百十万千百十元角分）
12	30	转26	计提城建税	2385000		借	2385000
	30	转26	计提教育费附加	1022100		借	3407100
	30	转26	结转税金及附加		3407100	平	0
			本月合计	3407100	3407100	平	0
			本年累计	40000000	40000000	平	0

表 6-10

主营业务成本 总分类账

2016年 月	日	凭证号	摘要	借方（亿千百十万千百十元角分）	贷方（亿千百十万千百十元角分）	借或贷	余额（亿千百十万千百十元角分）
12	26	转24	销售机械 AJ		151000000	贷	151000000
	26	转24	销售角铁		155000	贷	151155000
	26	转24	销售机械 BJ		7457000	平	225752000
	30	转29	结转主营业务成本		225752000	平	0
			本月合计	225752000	225752000	平	0
			本年累计	1100000000	1100000000	平	0

表 6-11

营业外支出 总分类账

2016年		凭证号	摘要	借方											贷方											借或贷	余额										
月	日			亿	千	百	十	万	千	百	十	元	角	分	亿	千	百	十	万	千	百	十	元	角	分		亿	千	百	十	万	千	百	十	元	角	分
12	21	现付11	支付税收滞纳金					6	0	0	0	0	0	0												借					6	0	0	0	0	0	0
	30	转29	结转营业外支出																6	0	0	0	0	0	0	平									-0-		
			本月合计					6	0	0	0	0	0	0					6	0	0	0	0	0	0	平									-0-		
			本年累计				5	2	0	0	0	0	0	0				5	2	0	0	0	0	0	0	平									-0-		

表 6-12

长沙明华机械厂利润表

利润表

纳税人识别号： 所属期间： 年 月 日至 年 月 日 会小企 02 表

编制单位： 录入日期： 年 月 日 单位：元

项　目	行次	本年累计数	本月金额
一、营业收入	1		0.00
减：营业成本	2		
税金及附加	3		
其中：消费税	4		
城市维护建设税	5		
资源税	6		
土地增值税	7		
城镇土地使用税、房产税、车船税、印花税	8		
教育费附加、矿产资源补偿费、排污费	9		
销售费用	10		
其中：商品维修费	11		
广告费和业务宣传费	12		
管理费用	13		
其中：开办费	14		
业务招待费	15		
研究费用	16		
财务费用	17		
其中：利息费用（收入以“-”号填列）	18		
加：投资收益（损失以“-”号填列）	19		

续表

项　　目	行次	本年累计数	本月金额
二、营业利润（亏损以"–"号填列）	20		0.00
加：营业外收入	21		
其中：政府补助	22		
减：营业外支出	23		
其中：坏账损失	24		
无法收回的长期债券投资损失	25		
无法收回的长期股权投资损失	26		
自然灾害等不可抗力因素造成的损失	27		
税收滞纳金	28		
三、利润总额（亏损总额以"–"号填列）	29		0.00
减：所得税费用	30		
四、净利润（净亏损以"–"号填列）	31		0.00

申报流水号：　　　　　　　　　　　　　　　　打印密码：

表 6–13

长沙明华机械厂资产负债表

会企 01 表

编制单位：　　　　　　　　　　年　　月　　日　　　　　　　　　　单位：元

资　　产	期末余额	年初余额（略）	负债和所有者权益（或股东权益）	期末余额	年初余额（略）
流动资产：			流动负债：		
货币资金			短期借款		
交易性金融资产			交易性金融负债		
应收票据			应付票据		
应收账款			应付账款		
预付款项			预收款项		
应收利息			应付职工薪酬		
应收股利			应交税费		
其他应收款			应付利息		
存货			应付股利		
一年内到期的非流动资产			其他应付款		
其他流动资产			一年内到期的非流动负债		
流动资产合计			其他流动负债		
非流动资产：			流动负债合计		
可供出售金融资产			非流动负债：		
持有至到期投资			长期借款		
长期应收款			应付债券		

续表

资　产	期末余额	年初余额（略）	负债和所有者权益（或股东权益）	期末余额	年初余额（略）
长期股权投资			长期应付款		
投资性房地产			专项应付款		
固定资产			预计负债		
在建工程			递延所得税负债		
工程物资			其他非流动负债		
固定资产清理			非流动负债合计		
生产性生物资产			负债合计		
油气资产					
无形资产			所有者权益（或股东权益）:		
开发支出			实收资本（或股本）		
商誉			资本公积		
长期待摊费用			减：库存股		
递延所得税资产			盈余公积		
其他非流动资产			未分配利润		
非流动资产合计			所有者权益（或股东权益）合计		
资产总计			负债及所有者权益（或股东权益）总计		

2. 填制企业所得税月（季）度预缴纳税申报表（A类）及附表（见表6-14~表6-17）。

表6-14

中华人民共和国企业所得税月（季）度预缴纳税申报表（A类，2015年版）

税款所属期间：　　年　　月　　日至　　年　　月　　日

纳税人识别号：□□□□□□□□□□□□□□□□□□

纳税人名称：

金额单位：人民币元（列至角分）

行次	项　目	本期金额	累计金额
1	一、按照实际利润额预缴		
2	营业收入		
3	营业成本		
4	利润总额		
5	加：特定业务计算的应纳税所得额		
6	减：不征税收入和税基减免应纳税所得额（请填附表1）		
7	固定资产加速折旧（扣除）调减额（请填附表2）		
8	弥补以前年度亏损		
9	实际利润额（4行+5行-6行-7行-8行）		

续表

行次	项　　目		本期金额	累计金额
10	税率（25%）			
11	应纳所得税额（9 行×10 行）			
12	减：减免所得税额（请填附表 3）			
13	实际已预缴所得税额		——	
14	特定业务预缴（征）所得税额			
15	应补（退）所得税额（11 行-12 行-13 行-14 行）		——	
16	减：以前年度多缴在本期抵缴所得税额			
17	本月（季）实际应补（退）所得税额		——	
18	二、按照上一纳税年度应纳税所得额平均额预缴			
19	上一纳税年度应纳税所得额		——	
20	本月（季）应纳税所得额（19 行×1/4 或 1/12）			
21	税率（25%）			
22	本月（季）应纳所得税额（20 行×21 行）			
23	减：减免所得税额（请填附表 3）			
24	本月（季）实际应纳所得税额（22 行-23 行）			
25	三、按照税务机关确定的其他方法预缴			
26	本月（季）税务机关确定的预缴所得税额			
27	总分机构纳税人			
28	总机构	总机构分摊所得税额（15 行或 24 行或 26 行×总机构分摊预缴比例）		
29		财政集中分配所得税额		
30		分支机构分摊所得税额（15 行或 24 行或 26 行×分支机构分摊比例）		
31		其中：总机构独立生产经营部门应分摊所得税额		
32	分支机构	分配比例		
33		分配所得税额		

是否属于小型微利企业：　　是□　　　　否□

谨声明：此纳税申报表是根据《中华人民共和国企业所得税法》、《中华人民共和国企业所得税法实施条例》和国家有关税收规定填报的，是真实的、可靠的、完整的。

法定代表人（签字）：　　　　年　　月　　日

纳税人公章：	代理申报中介机构公章：	主管税务机关受理专用章：
会计主管：	经办人：	受理人：
	经办人执业证件号码：	
填表日期：　年　月　日	代理申报日期：　年　月　日	受理日期：　年　月　日

国家税务总局监制

表 6-15

中华人民共和国企业所得税月（季）度预缴纳税申报表（A类，2015年版）附表1
不征税收入和税基类减免应纳税所得额明细表

金额单位：　人民币元（列至角分）

行次	项　　目	本期金额	累计金额
1	合计（2行+3行+14行+19行+30行+31行+32行+33行+34行…）		
2	一、不征税收入		
3	二、免税收入（4行+5行+…+13行）		
4	1. 国债利息收入		
5	2. 地方政府债券利息收入		
6	3. 符合条件的居民企业之间的股息、红利等权益性投资收益		
7	4. 符合条件的非营利组织的收入		
8	5. 证券投资基金投资者取得的免税收入		
9	6. 证券投资基金管理人取得的免税收入		
10	7. 中国清洁发展机制基金取得的收入		
11	8. 受灾地区企业取得的救灾和灾后恢复重建款项等收入		
12	9. 其他1：		
13	10. 其他2：		
14	三、减计收入（15行+16行+17行+18行）		
15	1. 综合利用资源生产产品取得的收入		
16	2. 金融、保险等机构取得的涉农利息、保费收入		
17	3. 取得的中国铁路建设债券利息收入		
18	4. 其他：　　　　（请填写或选择减免项目名称及减免性质代码）		
19	四、所得减免（20行+23行+24行+25行+26行+27行+28行+29行）		
20	1. 农、林、牧、渔业项目		
21	其中：免税项目		
22	减半征收项目		
23	2. 国家重点扶持的公共基础设施项目		
24	3. 符合条件的环境保护、节能节水项目		
25	4. 符合条件的技术转让项目		
26	5. 实施清洁发展机制项目		
27	6. 节能服务公司实施合同能源管理项目		
28	7. 其他1：		
29	8. 其他2：		
30	五、新产品、新工艺、新技术研发费用加计扣除		
31	六、抵扣应纳税所得额		
32	七、其他1：		
33	其他2：		
34	其他3：		

表 6-16

中华人民共和国企业所得税月（季）度预缴申报表（A 类，2015 年版）附表 2
固定资产加速折旧（扣除）明细表

金额单位：　人民币元（列至角分）

行次	项　目	房屋、建筑物			机器设备和其他固定资产			合计										
									本期折旧（扣除）额					累计折旧（扣除）额				
		原值	本期折旧（扣除）额	累计折旧（扣除）额	原值	本期折旧（扣除）额	累计折旧（扣除）额	原值	会计折旧额	正常折旧额	税收加速折旧额	纳税调整额	加速折旧优惠统计额	会计折旧额	正常折旧额	税收加速折旧额	纳税调整额	加速折旧优惠统计额
		1	2	3	4	5	6	7=1+4	8	9	10=2+5	11=10-8	12=10-9	13	14	15=6+3	16=15-13	17=15-14
1	一、重要行业固定资产																	
2	（一）生物药品制造业																	
3	（二）专用设备制造业																	
4	（三）铁路、船舶、航空航天和其他运输设备制造业																	
5	（四）计算机、通信和其他电子设备制造业																	
6	（五）仪器仪表制造业																	
7	（六）信息传输、软件和信息技术服务业																	
8	二、其他行业研发设备	*	*	*														
9	三、允许一次性扣除的固定资产	*	*	*														
10	（一）单位价值不超过 100 万元的研发仪器、设备	*	*	*														
11	其中：六大行业小型微利企业研发和生产经营共用的仪器、设备	*	*	*														
12	（二）单位价值不超过 5000 元的固定资产	*	*	*														
13	合　计																	

表 6-17

中华人民共和国企业所得税月（季）度预缴纳税申报表（A 类，2015 年版）附表 3
减免所得税额明细表

金额单位：　人民币元（列至角分）

行次	项　　目	本期金额	累计金额
1	合计（2 行+4 行+5 行+6 行）		
2	一、符合条件的小型微利企业		
3	其中：减半征税		
4	二、国家需要重点扶持的高新技术企业		
5	三、减免地方分享所得税的民族自治地方企业		
6	四、其他专项优惠（7 行+8 行+9 行+…+30 行）		
7	（一）经济特区和上海浦东新区新设立的高新技术企业		
8	（二）经营性文化事业单位转制企业		
9	（三）动漫企业		
10	（四）受灾地区损失严重的企业		
11	（五）受灾地区农村信用社		
12	（六）受灾地区的促进就业企业		
13	（七）技术先进型服务企业		
14	（八）新疆困难地区新办企业		
15	（九）新疆喀什、霍尔果斯特殊经济开发区新办企业		
16	（十）支持和促进重点群体创业就业企业		
17	（十一）集成电路线宽小于 0.8 微米（含）的集成电路生产企业		
18	（十二）集成电路线宽小于 0.25 微米的集成电路生产企业		
19	（十三）投资额超过 80 亿元人民币的集成电路生产企业		
20	（十四）新办集成电路设计企业		
21	（十五）国家规划布局内重点集成电路设计企业		
22	（十六）符合条件的软件企业		
23	（十七）国家规划布局内重点软件企业		
24	（十八）设在西部地区的鼓励类产业企业		
25	（十九）符合条件的生产和装配伤残人员专门用品企业		
26	（二十）中关村国家自主创新示范区从事文化产业支撑技术等领域的高新技术企业		
27	（二十一）享受过渡期税收优惠企业		
28	（二十二）横琴新区、平潭综合实验区和前海深港现代化服务业合作区企业		
29	（二十三）其他 1：		
30	（二十四）其他 2：		

3. 进行企业所得税预缴的会计处理。

课后谈税

（1）企业所得税实行按年计征、分月或分季预缴、年终汇算清缴、多退少补的征收方法。平时月（季）度纳税申报、预缴企业所得税要注意：①企业所得税分月或分季预缴，由税务机关具体核定；②企业分月或分季预缴企业所得税时，应当自月份或季度终了之日起15日内，向税务机关报送预缴企业所得税纳税申报表。

（2）企业在每年第一季度都应按照：①企业账簿设置情况；②收入总额核算情况；③成本费用核算情况；④账簿凭证保管情况；⑤纳税义务履行情况，5个方面向主管税务机关鉴定企业所得税征收方式，若均合格，采用自行申报、税务查账征收；若①④⑤中有一项不合格或②③均不合格，实行定额征收；若②③只有一项合格，采用核定征收。

（3）中华人民共和国企业所得税月（季）度预缴纳税申报表（A类）中“实际利润额”按会计制度核算的利润总额减去以前年度待弥补亏损及不征税收入、免税收入后的余额填报。

训练6-2　查账征收企业所得税核算与年度纳税申报

训练技能

1. 能熟练编制企业年度利润表。
2. 能编制企业纳税调整工作底稿，正确计算企业应纳的所得税税额。
3. 能够正确、规范填写企业所得税年度纳税申报表，并进行纳税申报。

训练背景

沿用训练6-1训练背景及资料。

流程介绍

企业所得税汇算清缴流程如图6-3所示。

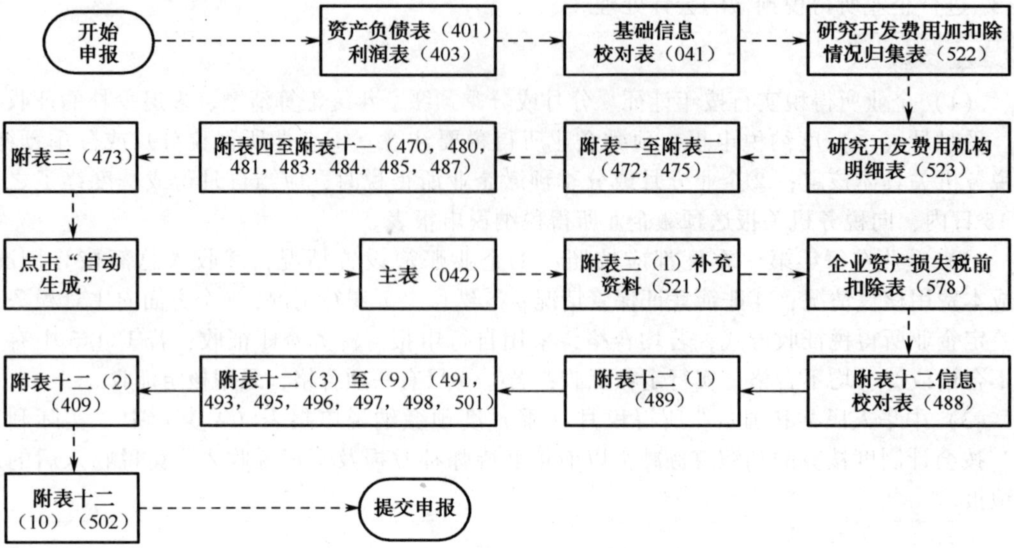

图 6-3　企业所得税汇算清缴流程

备用物品

1. 凭证账簿：记账凭证（学生自备）、三栏式总账及明细分类账。
2. 税额计算表：损益表、纳税调整工作底稿。
3. 纳税申报表：企业所得税年度纳税申报表（A）及附表。

训练要求

1. 全面复习企业所得税法的基本条款、纳税调整法计税基本流程及企业所得税的账务处理方法。

2. 为了强化训练过程，编制纳税调整工作底稿、计算年度应纳企业所得税税额等，需列出计算过程，以元为单位，保留小数点后 2 位。

3. 编制纳税调整工作底稿时要注意，相关资料如进行管理费用纳税调整工作时，除了要了解管理费用各项目的资料，还要了解固定资产资料、职工工资资料等，并进行相应分析。

4. 在训练过程中要养成逐笔复核、逐笔对账的习惯，做到账证相符、账账相符、账表相符，并确保纳税申报资料真实可信。

训练操作

1. 根据企业 2016 年全年有关收入、成本、费用、税金等明细资料，编制全年利润计算工作底稿，进而编制企业 2016 年年度利润表。

2. 通过对相关明细资料的分析，编制纳税调整工作底稿，计算企业应纳的所得税税额，并进行相应的会计处理。

3. 根据收入、成本、费用、税金等明细资料和企业所得税纳税调整工作底稿，填制企业所得税年度纳税申报表（A 类）及附表。

训练成果

1. 编制长沙明华机械厂 2016 年年度利润表。

根据长沙明华机械厂 2016 年全年销售（营业）收入、成本、费用、税金、损失，以及固定资产等明细资料（见表 6-18~表 6-25），编制企业年度利润表（见表 6-26）。

表 6-18　　长沙明华机械厂 2016 年销售（营业）收入情况明细表

制表日期：2017 年 3 月 10 日　　单位：万元

序号	收入项目	账面金额	分析说明
1	销售货物收入	2195.97	2016 年 12 月 20 日，将自产机械 BJ 与大明工厂换取元器件一批，属等价交换，收到专用发票一张，注明元器件价款 50 万元；企业还未入账，经查产品成本 40 万元
2	提供劳务收入	138.50	
3	销售原材料、下脚料收入	40.53	
4	出租房屋收入	100.00	
5	包装物租金收入	25.00	
	合　计	2500.00	

表 6-19　　长沙明华机械厂 2016 年对外投资收益明细表

制表日期：2017 年 3 月 10 日　　单位：万元

序号	投资项目	投资金额	收益金额	分析说明
1	凭证式国债	50.00	利息收入 2.00	2014 年 1 月 1 日投资高新公司 40 万，占其 20%的股权； 2016 年 12 月 8 日收到分回的利润 34 万元，已在投资方所在地缴纳了 5%的所得税
2	投资高新公司股权	400.00	分回利润 34.00	
	合　计	450	36.00	

表 6-20　　长沙明华机械厂 2016 年营业外收、支明细表

制表日期：2017 年 3 月 10 日　　单位：万元

序号	收入项目	金额	扣除项目	实际支出金额	分析说明
1	宏大公司违约金	0.30	——	——	1. 通过县政府向贫困山区小学捐 36.24 万元； 2. 支付税务机关滞纳金 6 万元
2	处置 3 号设备净收益	69.70	——	——	
3	——	——	滞纳金	6.00	

续表

序号	收入项目	金额	扣除项目	实际支出金额	分析说明
4	——	——	捐赠支出	36.24	
5	——	——	处置5号设备净损失	9.76	
	合　计	70.00		52.00	

表6-21　　长沙明华机械厂2016年产品销售成本明细表

制表日期：2017年3月10日　　单位：万元

序号	成本费用项目	期初数	本期借方发生数	本期贷方发生数	期末数	分析说明
1	库存商品	251.70	101.275	225.57	127.405	本年销售成本1100万元，包括销售多余原材料和下脚料成本35.8万元
2	生产成本	3.4853	28.766		32.2513	
3	制造费用	0	5.00	5.00	0	
4	其他成本		1.20		1.20	

表6-22　　长沙明华机械厂2016年管理费用明细表

制表日期：2017年3月10日　　单位：万元

序号	扣除项目	入账金额	分析说明
1	行政人员工资	32.00	1. 工资发放合理； 2. 三新研发支出均未成本化
2	福利费	4.48	
3	工会经费	0.64	
4	教育费	0.8	
5	业务招待费	15.00	
6	三新研发费	40.00	
7	折旧费	149.70	3. 折旧费里没有包含设备评估增值计提额
8	差旅费	129.50	
9	劳动保护费	73.00	
10	房产税	26.01	
11	印花税	0.87	
12	土地使用税	8.00	
	合计	480.00	

表6-23　　长沙明华机械厂2016年销售费用、财务费用明细表

制表日期：2017年3月10日　　单位：万元

序号	扣除项目	入账金额	分析说明
1	销售人员工资	50.00	
2	福利费	8.00	
3	工会经费	1.00	
4	教育费	1.25	

续表

序号	扣除项目	入账金额	分析说明
5	交通费	68.00	
6	广告费	450.00	
7	维修费	91.75	
	销售费用合计	670.00	
1	银行借款	48.00	
2	企业借款	11.50	
3	银行罚息	0.28	
4	汇兑净损失	0.22	
	财务费用合计	60.00	

表 6-24　**长沙明华机械厂 2016 年税费明细表**

制表日期：2017 年 3 月 10 日　　单位：万元

序号	税费项目	税额	分析说明
1	增值税	120.00	1. 企业所得税 51 万元为 2016 年 1~12 月已预缴数； 2. 2016 年 12 月 28 日购入的设备未报税； 3. 企业 2016 年 6 月将未用仓库处置，取得收入 509 万元，缴纳营业税 25.45 万元
2	营业税	25.45	
3	城建税	10.18	
4	教育费附加	4.37	
5	房产税	26.01	
6	印花税	0.87	
7	土地使用税	8.00	
8	企业所得税	51.00	
	合　计	245.88	

表 6-25　**长沙明华机械厂 2016 年度实发工资明细表**

制表日期：2017 年 3 月 10 日　　单位：万元

序号	工资项目	实发金额	三项经费	分析说明
1	生产工人	58.00		
2	车间管理人员	4.00		
3	行政部门	32.00		
4	销售部门	50.00		
5	福利部门	4.80		
6	工会	1.20		
	合　计	150.00		
1	支付福利费	——	23.00	
2	拨付工会经费	——	3.00	
3	支出教育经费	——	6.00	
	合　计	122.3585	32.00	

表 6-26　　长沙明华机械厂 2016 年利润表

纳税人识别号：　　所属期间：　年　月　日至　年　月　日　　会小企 02 表

编制单位：　　录入日期：　年　月　日　　单位：元

项　目	行次	本年累计数	本月金额
一、营业收入	1		0.00
减：营业成本	2		
营业税金及附加	3		
其中：消费税	4		
营业税	5		
城市维护建设税	6		
资源税	7		
土地增值税	8		
城镇土地使用税、房产税、车船税、印花税	9		
教育费附加、矿产资源补偿费、排污费	10		
销售费用	11		
其中：商品维修费	12		
广告费和业务宣传费	13		
管理费用	14		
其中：开办费	15		
业务招待费	16		
研究费用	17		
财务费用	18		
其中：利息费用（收入以“-”号填列）	19		
加：投资收益（损失以“-”号填列）	20		
二、营业利润（亏损以“-”号填列）	21		
加：营业外收入	22		
其中：政府补助	23		
减：营业外支出	24		
其中：坏账损失	25		
无法收回的长期债券投资损失	26		
无法收回的长期股权投资损失	27		
自然灾害等不可抗力因素造成的损失	28		
税收滞纳金	29		
三、利润总额（亏损总额以“-”号填列）	30		
减：所得税费用	31		
四、净利润（净亏损以“-”号填列）	32		

申报流水号：　　打印密码：

2. 计算长沙明华机械厂2016年企业应纳的所得税税额，并进行的相应的会计处理。

3. 填制企业所得税年度纳税申报表（A类）及附表（见表6-27~6-39）。

表6-27　**企业所得税申报表封面**

中华人民共和国企业所得税年度纳税申报表

（A类，2014年版）

税款所属期间：　　年　　月　　日至　　年　　月　　日

纳税人识别号：

纳税人名称：

金额单位：人民币元（列至角分）

谨声明：此纳税申报表是根据《中华人民共和国企业所得税法》、《中华人民共和国企业所得税法实施条例》、有关税收政策以及国家统一会计制度的规定填报的，是真实的、可靠的、完整的。

法定代表人（签章）：　　年　月　日

纳税人公章：	代理申报中介机构公章：	主管税务机关受理专用章：
会计主管： 填表日期：　　年　　月　　日	经办人： 经办人执业证件号码： 代理申报日期：　　年　　月　　日	受理人： 受理日期：　　年　　月　　日

国家税务总局监制

表6-28　**企业所得税年度纳税申报表填报表单**

表单编号	表单名称	选择填报情况	
		填报	不填报
A000000	企业基础信息表		
A100000	中华人民共和国企业所得税年度纳税申报表（A类）		
A101010	一般企业收入明细表		
A101020	金融企业收入明细表		
A102010	一般企业成本支出明细表		
A102020	金融企业支出明细表		
A103000	事业单位、民间非营利组织收入、支出明细表		
A104000	期间费用明细表		
A105000	纳税调整项目明细表		
A105010	视同销售和房地产开发企业特定业务纳税调整明细表		
A105020	未按权责发生制确认收入纳税调整明细表		
A105030	投资收益纳税调整明细表		
A105040	专项用途财政性资金纳税调整明细表		
A105050	职工薪酬纳税调整明细表		
A105060	广告费和业务宣传费跨年度纳税调整明细表		
A105070	捐赠支出纳税调整明细表		
A105080	资产折旧、摊销情况及纳税调整明细表		

续表

表单编号	表单名称	选择填报情况	
		填报	不填报
A105081	固定资产加速折旧、扣除明细表		
A105090	资产损失税前扣除及纳税调整明细表		
A105091	资产损失（专项申报）税前扣除及纳税调整明细表		
A105100	企业重组纳税调整明细表		
A105110	政策性搬迁纳税调整明细表		
A105120	特殊行业准备金纳税调整明细表		
A106000	企业所得税弥补亏损明细表		
A107010	免税、减计收入及加计扣除优惠明细表		
A107011	符合条件的居民企业之间的股息、红利等权益性投资收益优惠明细表		
A107012	综合利用资源生产产品取得的收入优惠明细表		
A107013	金融、保险等机构取得的涉农利息、保费收入优惠明细表		
A107014	研发费用加计扣除优惠明细表		
A107020	所得减免优惠明细表		
A107030	抵扣应纳税所得额明细表		
A107040	减免所得税优惠明细表		
A107041	高新技术企业优惠情况及明细表		
A107042	软件、集成电路企业优惠情况及明细表		
A107050	税额抵免优惠明细表		
A108000	境外所得税收抵免明细表		
A108010	境外所得纳税调整后所得明细表		
A108020	境外分支机构弥补亏损明细表		
A108030	跨年度结转抵免境外所得税明细表		
A109000	跨地区经营汇总纳税企业年度分摊企业所得税明细表		
A109010	企业所得税汇总纳税分支机构所得税分配表		
说明：企业应当根据实际情况选择需要填表的表单。			

表 6–29

A000000

企业基础信息表

	正常申报	1	更正申报	0		补充申报	0	
100 基本信息								
101 汇总纳税企业			按比例缴纳总机构					
102 注册资本（万元）			106 境外中资控股居民企业					
103 所属行业明细代码			107 从事国家限制或禁止行业					
104 从业人数			108 存在境外关联交易					
105 资产总额（万元）			109 上市公司					
200 主要会计政策和估计								
201 适用的会计准则或会计制度	企业会计准则(	一般企业	银行	证券	保险	担保	)	
	小企业会计准则							
	企业会计制度							
	事业单位会计准则(	事业单位会计制度		科学事业单位会计制度				
	医院会计制度		高等学校会计制度		中小学校会计制度			
	彩票机构会计制度		)					
	民间非营利组织会计制度		村集体经济组织会计制度					
	农民专业合作社财务会计制度（试行）							
		其他						
202 会计档案的存放地			203 会计核算软件					
204 记账本位币	人民币	其他	205 会计政策和估计是否发生变化			是	否	
206 固定资产折旧方法	年限平均法	工作量法	双倍余额递减法		年数总和法	其他		

续表

207 存货成本计价方法	先进先出法		移动加权平均法		月末一次加权平均法		个别计价法	
	毛利率法		零售价法		计划成本法		其他	
208 坏账损失核算方法	备抵法		直接核销法					
209 所得税计算方法	应付税款法		资产负债表债务法		其他			
300 企业主要股东及对外投资情况								
301 企业主要股东（前 5 位）								

股东名称	证件种类	证件号码	经济性质	投资比例	国籍（注册地址）

302 对外投资（前 5 位）

被投资者名称	纳税人识别号	经济性质	投资比例	投资金额	注册地址

表 6-30

A101010 **一般企业收入明细表**

行次	项　　目	金　　额
1	一、营业收入（2+9）	
2	（一）主营业务收入（3+5+6+7+8）	
3	1. 销售商品收入	
4	其中：非货币性资产交换收入	
5	2. 提供劳务收入	
6	3. 建造合同收入	
7	4. 让渡资产使用权收入	
8	5. 其他	
9	（二）其他业务收入（10+12+13+14+15）	
10	1. 销售材料收入	
11	其中：非货币性资产交换收入	
12	2. 出租固定资产收入	
13	3. 出租无形资产收入	
14	4. 出租包装物和商品收入	
15	5. 其他	
16	二、营业外收入（17+18+19+20+21+22+23+24+25+26）	
17	（一）非流动资产处置利得	
18	（二）非货币性资产交换利得	
19	（三）债务重组利得	
20	（四）政府补助利得	
21	（五）盘盈利得	
22	（六）捐赠利得	
23	（七）罚没利得	
24	（八）确实无法偿付的应付款项	
25	（九）汇兑收益	
26	（十）其他	

表 6-31

A102010 **一般企业成本支出明细表**

行次	项　　目	金　　额
1	一、营业成本（2+9）	
2	（一）主营业务成本（3+5+6+7+8）	
3	1. 销售商品成本	
4	其中：非货币性资产交换成本	

续表

行次	项 目	金 额
5	2. 提供劳务成本	
6	3. 建造合同成本	
7	4. 让渡资产使用权成本	
8	5. 其他	
9	（二）其他业务成本（10+12+13+14+15）	
10	1. 材料销售成本	
11	其中：非货币性资产交换成本	
12	2. 出租固定资产成本	
13	3. 出租无形资产成本	
14	4. 包装物出租成本	
15	5. 其他	
16	二、营业外支出（17+18+19+20+21+22+23+24+25+26）	
17	（一）非流动资产处置损失	
18	（二）非货币性资产交换损失	
19	（三）债务重组损失	
20	（四）非常损失	
21	（五）捐赠支出	
22	（六）赞助支出	
23	（七）罚没支出	
24	（八）坏账损失	
25	（九）无法收回的债券股权投资损失	
26	（十）其他	

表 6-32

A104000 **期间费用明细表**

行次	项 目	销售费用	其中：境外支付	管理费用	其中：境外支付	财务费用	其中：境外支付
		1	2	3	4	5	6
1	一、职工薪酬		*		*	*	*
2	二、劳务费					*	*
3	三、咨询顾问费					*	*
4	四、业务招待费		*		*	*	*
5	五、广告费和业务宣传费		*		*	*	*
6	六、佣金和手续费						
7	七、资产折旧摊销费		*		*	*	*

续表

行次	项　　目	销售费用	其中：境外支付	管理费用	其中：境外支付	财务费用	其中：境外支付
		1	2	3	4	5	6
8	八、财产损耗、盘亏及毁损损失		*		*	*	*
9	九、办公费		*		*	*	*
10	十、董事会费		*		*	*	*
11	十一、租赁费					*	*
12	十二、诉讼费		*		*	*	*
13	十三、差旅费		*		*	*	*
14	十四、保险费		*		*	*	*
15	十五、运输、仓储费					*	*
16	十六、修理费					*	*
17	十七、包装费		*		*	*	*
18	十八、技术转让费					*	*
19	十九、研究费用					*	*
20	二十、各项税费		*		*	*	*
21	二十一、利息收支	*	*	*	*		
22	二十二、汇兑差额	*	*	*	*		
23	二十三、现金折扣	*	*	*	*		*
24	二十四、其他						
25	合计（1+2+3+…+24）						0.00

表 6-33

A105000　　　　**纳税调整项目明细表**

行次	项　　目	账载金额	税收金额	调增金额	调减金额
		1	2	3	4
1	一、收入类调整项目（2+3+4+5+6+7+8+10+11）	*	*		
2	（一）视同销售收入（填写 A105010）	*			*
3	（二）未按权责发生制原则确认的收入（填写 A105020）				
4	（三）投资收益（填写 A105030）				
5	（四）按权益法核算长期股权投资对初始投资成本调整确认收益	*	*	*	
6	（五）交易性金融资产初始投资调整	*	*		*
7	（六）公允价值变动净损益		*		
8	（七）不征税收入	*	*		
9	其中：专项用途财政性资金（填写 A105040）	*	*		
10	（八）销售折扣、折让和退回				

续表

行次	项目	账载金额	税收金额	调增金额	调减金额
		1	2	3	4
11	（九）其他				
12	二、扣除类调整项目（13+14+15+16+17+18+19+20+21+22+23+24+26+27+28+29）	*	*		
13	（一）视同销售成本（填写 A105010）	*		*	
14	（二）职工薪酬（填写 A105050）				
15	（三）业务招待费支出				*
16	（四）广告费和业务宣传费支出（填写 A105060）	*	*		
17	（五）捐赠支出（填写 A105070）				*
18	（六）利息支出				
19	（七）罚金、罚款和被没收财物的损失		*		*
20	（八）税收滞纳金、加收利息		*		*
21	（九）赞助支出		*		*
22	（十）与未实现融资收益相关在当期确认的财务费用				
23	（十一）佣金和手续费支出				*
24	（十二）不征税收入用于支出所形成的费用	*	*		*
25	其中：专项用途财政性资金用于支出所形成的费用（填写 A105040）	*	*		*
26	（十三）跨期扣除项目				
27	（十四）与取得收入无关的支出		*		*
28	（十五）境外所得分摊的共同支出（填写 A108010）	*	*		*
29	（十六）其他				
30	三、资产类调整项目（31+32+33+34）	*	*		
31	（一）资产折旧、摊销（填写 A105080）				
32	（二）资产减值准备金		*		
33	（三）资产损失（填写 A105090）				
34	（四）其他				
35	四、特殊事项调整项目（36+37+38+39+40）	*	*		
36	（一）企业重组（填写 A105100）				
37	（二）政策性搬迁（填写 A105110）	*	*		
38	（三）特殊行业准备金（填写 A105120）				
39	（四）房地产开发企业特定业务计算的纳税调整额（填写 A105010）	*			
40	（五）其他	*	*		
41	五、特别纳税调整应税所得	*	*		
42	六、其他	*	*		
43	合计（1+12+30+35+41+42）	*	*		

表 6-34

A105020　　**未按权责发生制确认收入纳税调整明细表**

行次	项　　目	合同金额（交易金额）	账载金额		税收金额		纳税调整金额
			本年	累计	本年	累计	
		1	2	3	4	5	6(4-2)
1	一、跨期收取的租金、利息、特许权使用费收入（2+3+4）					0.00	0.00
2	（一）租金						0.00
3	（二）利息						0.00
4	（三）特许权使用费						0.00
5	二、分期确认收入（6+7+8）					0.00	0.00
6	（一）分期收款方式销售货物收入						0.00
7	（二）持续时间超过 12 个月的建造合同收入						0.00
8	（三）其他分期确认收入						0.00
9	三、政府补助递延收入（10+11+12）					0.00	0.00
10	（一）与收益相关的政府补助						0.00
11	（二）与资产相关的政府补助						0.00
12	（三）其他						0.00
13	四、其他未按权责发生制确认收入						0.00
14	合计（1+5+9+13）					0.00	0.00

表 6-35

A105030　　**投资收益纳税调整明细表**

行次	项　　目	持有收益			处置收益							纳税调整金额
		账载金额	税收金额	纳税调整金额	会计确认的处置收入	税收计算的处置收入	处置投资的账面价值	处置投资的计税基础	会计确认的处置所得或损失	税收计算的处置所得	纳税调整金额	
		1	2	3(2-1)	4	5	6	7	8（4-6）	9（5-7）	10（9-8）	11（3+10）
1	一、交易性金融资产								0.00	0.00	0.00	0.00
2	二、可供出售金融资产								0.00	0.00	0.00	0.00
3	三、持有至到期投资								0.00	0.00	0.00	0.00
4	四、衍生工具								0.00	0.00	0.00	0.00
5	五、交易性金融负债								0.00	0.00	0.00	0.00
6	六、长期股权投资								0.00	0.00	0.00	0.00
7	七、短期投资								0.00	0.00	0.00	0.00
8	八、长期债券投资								0.00	0.00	0.00	0.00
9	九、其他								0.00	0.00	0.00	0.00
10	合计（1+2+3+4+5+6+7+8+9）							0.00	0.00	0.00	0.00	0.00

表 6-36

A105091　　资产损失（专项申报）税前扣除及纳税调整明细表

行次	项　目	账载金额	处置收入	赔偿收入	计税基础	税收金额	纳税调整金额
	1	2	3	4	5	6（5-3-4）	7（2-6）
1	一、货币资产损失（2+3+4+5）						0.00
2							
3							
4							
5							
6	二、非货币资产损失（7+8+9+10）						
7							
8							
9							
10							
11	三、投资损失（12+13+14+15）						
12							
13							
14							
15							
16	四、其他（17+18+19）						
17							
18							
19							
20	合计（1+6+11+16）						

表 6-37

A105100　　企业重组纳税调整明细表

行次	项　目	一般性税务处理			特殊性税务处理			纳税调整金额
		账载金额	税收金额	纳税调整金额	账载金额	税收金额	纳税调整金额	
		1	2	3（2-1）	4	5	6（5-4）	7（3+6）
1	一、债务重组							
2	其中：以非货币性资产清偿债务							
3	债转股							
4	二、股权收购							

续表

行次	项　　目	一般性税务处理			特殊性税务处理			纳税调整金额
		账载金额	税收金额	纳税调整金额	账载金额	税收金额	纳税调整金额	
		1	2	3（2-1）	4	5	6（5-4）	7（3+6）
5	其中：涉及跨境重组的股权收购							
6	三、资产收购							
7	其中：涉及跨境重组的资产收购							
8	四、企业合并（9+10）							
9	其中：同一控制下企业合并							
10	非同一控制下企业合并							
11	五、企业分立							
12	六、其他							
13	其中：以非货币性资产对外投资							
14	合计（1+4+6+8+11+12）							

表 6-38

A106000　　　　企业所得税弥补亏损明细表

行次	项目	年度	纳税调整后所得	合并、分立转入（转出）可弥补的亏损额	当年可弥补的亏损额	以前年度亏损已弥补额					本年度实际弥补的以前年度亏损额	可结转以后年度弥补的亏损额
						前四年度	前三年度	前二年度	前一年度	合计		
		1	2	3	4	5	6	7	8	9	10	11
1	前五年度	2011								0. 00		*
2	前四年度	2012				*				0. 00		0. 00
3	前三年度	2013				*	*			0. 00		0. 00
4	前二年度	2014				*	*	*		0. 00		0. 00
5	前一年度	2015				*	*	*	*	*		0. 00
6	本年度	2016	0. 00			*	*	*	*	*	0. 00	0. 00
7	可结转以后年度弥补的亏损额合计											0. 00

表 6-39

A107010　　　　免税、减计收入及加计扣除优惠明细表

行次	项　　目	金　　额
1	一、免税收入（2+3+4+5）	
2	（一）国债利息收入	
3	（二）符合条件的居民企业之间的股息、红利等权益性投资收益（填写 A107011）	
4	（三）符合条件的非营利组织的收入	
5	（四）其他专项优惠（6+7+8+9+10+11+12+13+14）	
6	1. 中国清洁发展机制基金取得的收入	
7	2. 证券投资基金从证券市场取得的收入	
8	3. 证券投资基金投资者获得的分配收入	
9	4. 证券投资基金管理人运用基金买卖股票、债券的差价收入	
10	5. 取得的地方政府债券利息所得或收入	
11	6. 受灾地区企业取得的救灾和灾后恢复重建款项等收入	
12	7. 中国期货保证金监控中心有限责任公司取得的银行存款利息等收入	
13	8. 中国保险保障基金有限责任公司取得的保险保障基金等收入	
14	9. 其他	
15	二、减计收入（16+17）	
16	（一）综合利用资源生产产品取得的收入（填写 A107012）	
17	（二）其他专项优惠（18+19+20）	
18	1. 金融、保险等机构取得的涉农利息、保费收入（填写 A107013）	
19	2. 取得的中国铁路建设债券利息收入	
20	3. 其他	
21	三、加计扣除（22+23+26）	
22	（一）开发新技术、新产品、新工艺发生的研究开发费用加计扣除（填写 A107014）	
23	（二）安置残疾人员及国家鼓励安置的其他就业人员所支付的工资加计扣除（24+25）	
24	1. 支付残疾人员工资加计扣除	
25	2. 国家鼓励的其他就业人员工资加计扣除	
26	（三）其他专项优惠	
27	合计（1+15+21）	

表 6-40

中华人民共和国企业所得税年度纳税申报表（A 类）

行次	类别	项　　目	金　　额
1	利润总额计算	一、营业收入（填写 A101010\101020\103000）	
2		减：营业成本（填写 A102010\102020\103000）	
3		营业税金及附加	
4		销售费用（填写 A104000）	
5		管理费用（填写 A104000）	
6		财务费用（填写 A104000）	
7		资产减值损失	
8		加：公允价值变动收益	
9		投资收益	
10		二、营业利润（1-2-3-4-5-6-7+8+9）	
11		加：营业外收入（填写 A101010\101020\103000）	
12		减：营业外支出（填写 A102010\102020\103000）	
13		三、利润总额（10+11-12）	
14	应纳税所得额计算	减：境外所得（填写 A108010）	
15		加：纳税调整增加额（填写 A105000）	
16		减：纳税调整减少额（填写 A105000）	
17		减：免税、减计收入及加计扣除（填写 A107010）	
18		加：境外应税所得抵减境内亏损（填写 A108000）	
19		四、纳税调整后所得（13-14+15-16-17+18）	
20		减：所得减免（填写 A107020）	
21		减：抵扣应纳税所得额（填写 A107030）	
22		减：弥补以前年度亏损（填写 A106000）	
23		五、应纳税所得额（19-20-21-22）	
24	应纳税额计算	税率（25%）	
25		六、应纳所得税额（23×24）	
26		减：减免所得税额（填写 A107040）	
27		减：抵免所得税额（填写 A107050）	
28		七、应纳税额（25-26-27）	
29		加：境外所得应纳所得税额（填写 A108000）	
30		减：境外所得抵免所得税额（填写 A108000）	
31		八、实际应纳所得税额（28+29-30）	
32		减：本年累计实际已预缴的所得税额	
33		九、本年应补（退）所得税额（31-32）	
34		其中：总机构分摊本年应补（退）所得税额（填写 A109000）	
35		财政集中分配本年应补（退）所得税额（填写 A109000）	
36		总机构主体生产经营部门分摊本年应补（退）所得税额（填写 A109000）	
37	附列资料	以前年度多缴的所得税额在本年抵减额	
38		以前年度应缴未缴在本年入库所得税额	

课后谈税

（1）在“企业所得税年度纳税申报表”填报表单里，本企业不涉及的表单其填报情况设置为不填报打叉（×），涉及的打钩（√）。

（2）“注册资本”与“资产总额”应设置为以“万元”为计量单位。

（3）所属行业代码，查看企业注册时所确认的类型对应代码，填写错误将影响后续表单的选择。

（4）职工“从业人数”填报企业全年平均从业人数：

月平均值=（月初人数+月末人数）/2

全年月平均值=全年各月平均值之和/12

项目 7　个人所得税业务训练

训练 7-1　个人所得税核算与自行纳税申报

训练技能

1. 能准确计算个人所得应纳的个人所得税税额。
2. 能正确进行个人所得税相关会计处理。
3. 能够正确、规范填写个人所得税自行纳税申报表（A 类），并能熟练进行个人所得税的纳税申报工作。

训练背景

张军是长沙市雨花区宏达机械公司（非上市公司）的部门经理，拥有公司的股份。宏达机械公司的税务代码为：430103296201213031，为工业制造业。张军的身份证号码：430103197011020017。联系地址：长沙市雨花区韶山 168 号，邮编：410005。开户银行：工行树处，账号 1965982710（张军一直选择在雨花区地税申报纳税）。同时，张军还在长沙市天心区寿保分公司任职。

训练程序

个人所得税网上申报流程如图 7-1 所示。

备用物品

1. 记账凭证（学生自备）、三栏式总账及明细分类账。
2. 个人所得税率表（一）、个人所得税率表（二）、劳务报酬所得计算表。
3. 个人所得税基础信息表（B 表）、个人所得税自行纳税申报表（A 类）。

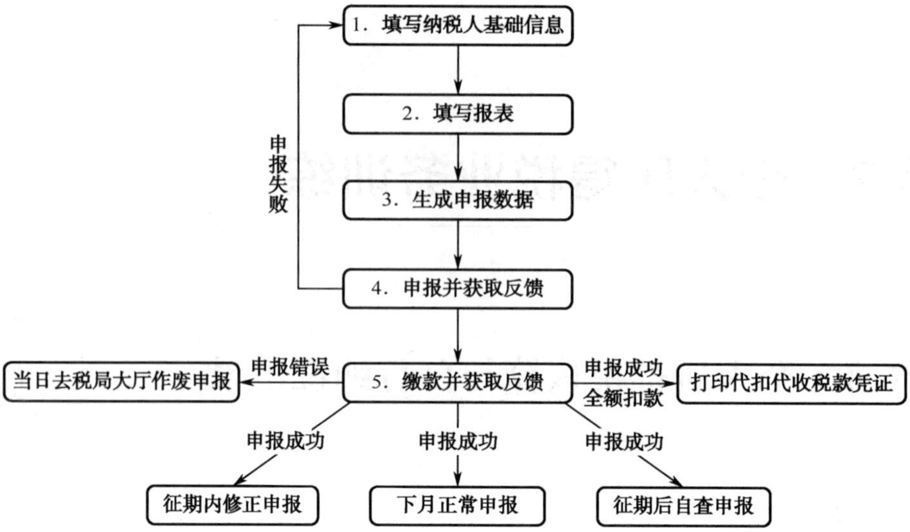

图 7-1　个人所得税网上申报流程

训练要求

1. 全面复习个人所得税法的基本条款及代扣代缴与个体工商户个人所得税的会计处理方法。

2. 为了强化实训过程，编制个人所得税分项计算工作底稿，需列出计算过程，以元为单位，保留小数点后 2 位。

3. 模拟训练时既可向训练指导教师请教，也可与其他同学讨论，但不得相互抄袭。

训练操作

1. 根据自然纳税人个人 2016 年全年有关收入、费用、税费等原始资料，计算个人各项所得应纳的个人所得税税额。

2. 通过相关原始资料分析，计算各项所得应纳的个人所得税，并判断是否需要自行申报。

3. 根据个人全年应纳税所得，填制个人所得税年度纳税申报表。

4. 进行个人所得税应税与纳税的账户录入。

训练成果

1. 根据业务资料计算张军 2016 年各项所得应扣缴的个人所得税税额。

自然纳税人张军 2016 年全年有关收入、费用、税费等业务资料，如表 7-1～表 7-8 所示。

【业务 1】　2016 年两家公司每月支付给张军的全部收入及税款缴纳情况如表 7-1 所示。

表 7-1 **工资收入明细表** **单位：元**

单位	月份	1 月	2 月	3 月	4 月	5 月	6 月	7 月	8 月	9 月	10 月	11 月	12 月	合计
宏达公司	应发工资	16000	16000	16000	16000	16000	16000	16000	16000	16000	16000	16000	16000	192000
	三费一金	2800	2800	2800	2800	2800	2800	2800	2800	2800	2800	2800	2800	33600
	扣缴税款	1865	1865	1865	1865	1865	1865	1865	1865	1865	1865	1865	1865	22380
寿保公司	应发工资	5600	5600	5600	5600	5600	5600	5600	5600	5600	5600	5600	5600	67200
	扣缴税款	415	415	415	415	415	415	415	415	415	415	415	415	4980

除此之外，2016 年张军还有以下其他收入。

【业务 2】 张军取得公司股权分红 20 000 元，扣缴个人所得税 4 000 元。投资合同表如表 7-2 所示，付款凭证如表 7-3 所示，税收缴款书如表 7-4 所示。

表 7-2

投资合同

立合同单位：

姓名：张军(以下简称投资方)

长沙市雨花区宏达机械公司 (以下简称被投资方)

为明确责任，恪守合同，特签订本合同，共同信守。

一、投资方式：货币资金

二、投资金额：壹百万元整

三、出资期限：自二〇一五年一月五日至二〇二〇年二月五日止

……

合同的附件：（略）

本合同经各方签字后生效。

本合同正本一式三份，投资方、被投资方各执一份；合同副本 2 份，报送有关单位各留一份。

投资方（签章）：张军

身份证号 430103197011020017

长沙市雨花区宏达机械公司 财务专用章

王大海印

被投资方： （公章） 法人代表 （盖章）

长沙市雨花区宏达机械公司

2016 年 1 月 16 日 2016 年 1 月 16 日

表 7-3

付款凭证

贷方科目：库存现金　　2016 年 4 月 3 日　　付字第 12 号

摘要	借方科目：总账科目	借方科目：明细科目	√	金额：千	百	十	万	千	百	十	元	角	分
分配股利	应付股利	张军					1	6	0	0	0	0	0
合计						¥	1	6	0	0	0	0	0

付单据 2 张

现金付讫

财务主管　　记账　　出纳　　审核　　制单 李瑛

表 7-4

全国统一发票监制章 国家税务总局监制

中华人民共和国税收缴款书

地(缴字(甲) 隶属关系) NO: 0054586

收入机关：填发日期：2016 年 5 月 5 日

缴款单位（人）		预算科目	
代码	430103196201213031	编码	
全称	长沙市雨花区宏达机械公司	名称	
开户银行	工行树处	级次	地方级
账号	1965982710	收缴国库	中国银行韶山路支行

税款所属期间：2016 年 4 月　　税款限缴日期：2016 年 5 月 7 日

品目名称	课税数量	计税金额或销售收入	税率或单位税额	已缴或扣除额	实缴税额：百	十	万	千	百	十	元	角	分
个人所得税	1 人	红利所得 20000.00	20%					4	0	0	0	0	0
金额合计	人民币（大写）肆千元整						¥	4	0	0	0	0	0

缴款单位（人）盖章 经办人（章）	税务机关（盖章） 填票人（章）	上列款项已收妥并划转收款单位帐户（国库银行）盖章 2016 年 5 月 6 日	备注

长沙市雨花区宏达机械公司 财务专用章

长沙市雨花地方税务局 收费专用章

017 章红

无银行收讫章无效

第一联（收据）国库收款盖章后退缴款单位（人）作完税凭证

【业务 3】 发明一项专利，相关原始凭证见表 7-5～表 7-7，让渡给某公司使用，取得收入 40 000 元，扣缴个人所得税 6 400 元。

表 7-5

无形资产让渡协议

甲方：**张军**

乙方：**星城兰波旺公司**

2016 年 8 月 1 日乙方接受甲方让渡的风机扇叶生产专利一项，期限 5 年，专利价值以会计师事务所对该项专利评估价值为准。

本协议自双方签字开始生效。

甲方：**张军**

身份证号：**430103197011020017**

乙方：**星城兰波旺公司**

法定代表人：**黎明**

2016 年 8 月 1 日

2016 年 8 月 1 日

表 7-6

星城会计师事务所文件

星城[2016]字第 138 号

★

资产评估报告

星城兰波旺公司：

我所受贵单位委托，依据《中华人民共和国国有资产评估管理办法》、《中华人民共和国注册会计师法》和《企业会计准则》等的规定，对贵公司购入个人张军拥有的风机扇叶生产专利技术一项进行评估。该项风机扇叶生产专利技术确定价值为 40 000 元。

评估员：江帆

中国注册会计师：张军

星城会计师事务所（章）

2016 年 8 月 1 日

表 7-7

中华人民共和国税收缴款书

缴字（甲）
地隶属关系NO：0034501

收入机关：填发日期：　2016 年 9 月 3 日

无银行收讫章无效

缴款单位（人）	代码	430103196761213123	预算科目	编码	
	全称	星城兰波旺公司		名称	
	开户银行	商行香樟分理处		级次	地方级
	账号	7961982717	收缴国库		工商银行开福支行

税款所属期间：2016 年 8 月　　税款限缴日期：2016 年 9 月 7 日

品目名称	课税数量	计税金额或销售收入	税率或单位税额	已缴或扣除额	实缴税额 百	十	万	千	百	十	元	角	分
个人所得税	1 人	无形资产 40000.00	20%					6	4	0	0	0	0
金额合计	人民币（大写）陆仟肆佰元整						¥	6	4	0	0	0	0

缴款单位（人）盖章	税务机关	上列款项已收妥并划转收款单位帐户	备注
经办人（章） 2016 年 5 月 6 日	（盖章） 填票人（章） 014 王林	（国库银行）盖章 2016 年 5 月 6 日	

第一联（收据）国库收款盖章后退缴款单位（人）作完税凭证

【业务 4】 张军于 2016 年 7 月购入中航重机 100 手共计支出 119400 元，股票交割单见表 7-8。

表 7-8

湖南省湘财证券公司证券成交交割单

单位：元

成交日期	20160923	股份余额	0
成交时间	13：56：48	成交金额	180000.00
股东代码	A239155158	佣金	450.00
证券代码	600765	印花税	140.00
证券名称	中航重机	过户费	10.00
买卖标志	卖出	其他费	0
成交价格	18.00	发生金额	179400.00
成交数量（股）	10000	成交编号	606429

经办单位：湘财证券韶山路营业部

备注：①资金划入证券专户中

2. 完成个人所得税纳税申报表填制（见表 7-9 和表 7-10）。

表 7-9

个人所得税基础信息表（B 表）

<table>
<tr><td>姓名</td><td colspan="3"></td><td>身份证件类型</td><td></td><td>身份证件号码</td><td></td></tr>
<tr><td>纳税人类型</td><td colspan="7">□有任职受雇单位　□无任职受雇单位（不含股东投资者）　□投资者　□无住所个人　（可多选）</td></tr>
<tr><td rowspan="3">任职受雇单位名称及纳税人识别号</td><td colspan="3"></td><td colspan="4"></td></tr>
<tr><td colspan="3"></td><td colspan="4"></td></tr>
<tr><td colspan="3"></td><td colspan="4"></td></tr>
<tr><td>“三费一金”缴纳情况</td><td colspan="3">□基本养老保险费　□基本医疗保险费
□失业保险费　□住房公积金　□无　（可多选）</td><td colspan="2">电子邮箱</td><td colspan="2"></td></tr>
<tr><td>境内联系地址</td><td colspan="3">______省______市______区（县）__________
__________________</td><td colspan="2">邮政编码</td><td colspan="2"></td></tr>
<tr><td>联系电话</td><td colspan="3">手机：______________固定电话：__________</td><td colspan="2">职业</td><td colspan="2"></td></tr>
<tr><td>职务</td><td colspan="3">○高层　○中层　○普通　（只选一）</td><td colspan="2">学历</td><td colspan="2"></td></tr>
<tr><td>是否残疾人/烈属/孤老</td><td colspan="3">□残疾　□烈属　□孤老　□否</td><td colspan="2">残疾等级情况</td><td colspan="2"></td></tr>
<tr><td>该栏仅由有境外所得纳税人填写</td><td colspan="2">○户籍所在地
○经常居住地</td><td colspan="5">______省______市______区（县）__________　邮政编码______</td></tr>
<tr><td rowspan="8">该栏仅由投资者纳税人填写</td><td colspan="2">投资者类型</td><td colspan="5">□个体工商户　□个人独资企业投资者　□合伙企业合伙人
□承包、承租经营者　□股东　□其他投资者　（可多选）</td></tr>
<tr><td rowspan="4">被投资单位信息</td><td>名称</td><td colspan="2"></td><td colspan="2">扣缴义务人编码</td><td></td></tr>
<tr><td>地址</td><td colspan="2"></td><td colspan="2">邮政编码</td><td></td></tr>
<tr><td>登记注册类型</td><td colspan="2"></td><td colspan="2">行业</td><td></td></tr>
<tr><td>所得税征收方式</td><td colspan="2">○查账征收　○核定征收（只选一）</td><td colspan="2">主管税务机关</td><td></td></tr>
<tr><td colspan="7">以下由股东及其他投资者填写</td></tr>
<tr><td colspan="2">公司股本（投资）总额</td><td colspan="2"></td><td colspan="2">个人股本（投资）额</td><td></td></tr>
</table>

续表

该栏仅由无住所纳税人填写	纳税人识别号				
	国籍（地区）			出生地	
	性别			出生日期	____年__月__日
	劳动就业证号码			是否税收协定缔约国对方居民	○是　○否
	境内职务			境外职务	
	来华时间			任职期限	
	预计离境时间			预计离境地点	
	境内任职受雇单位	名称		扣缴义务人编码	
		地址		邮政编码	
	境内受聘签约单位	名称		扣缴义务人编码	
		地址		邮政编码	
	境外派遣单位	名称		地址	
	支付地		○境内支付　○境外支付 ○境内、外同时支付　（只选一）	境外支付国国别（地区）	

谨声明：此表是根据《中华人民共和国个人所得税法》及其实施条例和国家相关法律法规规定填写的，是真实的、完整的、可靠的。

纳税人签字:　　　　年　月　日

代理机构（人）签章: 经办人: 经办人执业证件号码:	主管税务机关受理专用章: 受理人:
填表（代理申报）日期:　年　月　日	受理日期:　年　月　日

国家税务总局监制

表 7-10

个人所得税自行纳税申报表（A 表）

税款所属期：自　　年　　月　　日至　　年　　月　　日　　　　　　　　金额单位：人民币元（列至角分）

姓名		国籍（地区）		身份证件类型		身份证件号码	

自行申报情形　☐从中国境内两处或者两处以上取得工资、薪金所得　☐没有扣缴义务人　☐其他情形

任职受雇单位名称	所得期间	所得项目	收入额	免税所得	税前扣除项目								减除费用	准予扣除的捐赠额	应纳税所得额	税率%	速算扣除数	应纳税额	减免税额	已缴税额	应补（退）税额
					基本养老保险费	基本医疗保险费	失业保险费	住房公积金	财产原值	允许扣除的税费	其他	合计									
1	2	3	4	5	6	7	8	9	10	11	12	13	14	15	16	17	18	19	20	21	22

谨声明：此表是根据《中华人民共和国个人所得税法》及其实施条例和国家相关法律法规规定填写的，是真实的、完整的、可靠的。

纳税人签字：　　　　　　年　　月　　日

代理机构（人）公章： 经办人： 经办人执业证件号码：	主管税务机关受理专用章： 受理人：
代理申报日期：　　年　　月　　日	受理日期：　　年　　月　　日

国家税务总局监制

课后谈税

1. 个人取得全年一次性奖金个人所得税的计算

（1）计征方式：单独作为一个月工资、薪金所得计征个人所得税。

（2）计算方法及步骤。

① 当月工资薪金所得≥税法规定的费用扣除额时：

找税率：当月取得的全年一次性奖金÷12，按其商数确定适用税率和速算扣除数

算税额：应纳税额=当月取得全年一次性奖金×适用税率-速算扣除数

② 当月工资薪金所得<税法规定的费用扣除额时：

找税率：（全年一次性奖金-雇员当月工资薪金所得与费用扣除额的差额）÷12，按其商数确定适用税率和速算扣除数

算税额：应纳税额=（全年一次性奖金-雇员当月工资薪金所得与费用扣除额的差额）×适用税率-速算扣除数

（3）全年一次性奖金适用条件：

① 年终加薪、实行年薪制和绩效工资办法的单位根据考核情况兑现的年薪和绩效工资均可按全年一次性奖金方法计税；

② 该方法一个纳税年度只能适用一次，即其他性质的奖金一律并入当月工资、薪金合并计税

2. 个人所得税自行申报的范围

（1）年所得12万元以上的。但不包括在中国境内无住所，且在一个纳税年度中在中国境内居住不满一年的个人。

（2）从中国境内两处或两处以上取得工资、薪金所得的。

（3）从中国境外取得所得的。仅指在中国境内有住所，或无住所而在一个纳税年度中在中国境内居住满一年的个人。

（4）取得应纳税所得，没有扣缴义务人的。

（5）国务院规定的其他情形。

3. 自行申报期限

（1）年所得12万元以上的纳税人，年度终了后3个月内。

（2）个体工商户和个人独资、合伙企业投资者，分月（季）预缴的，每月（季）终了后15日内办理纳税申报；年度终了后3个月内汇算清缴。

（3）纳税人年终一次取得对企事业单位承包经营、承租经营所得的，自取得所得之日起30日内办理纳税申报；在一个纳税年度内分次取得所得的，在每次取得所得后的次月15日内申报预缴；纳税年度终了后的3个月内汇算清缴。

（4）从中国境外取得所得的纳税人，在纳税年度终了后30日内向中国境内主管税务机关办理纳税申报。

（5）除以上规定的情形外，在取得所得的次月15日内向主管税务机关办理纳税申报。

训练 7-2　代扣代缴个人所得税核算与扣缴报告

训练技能

1. 能正确填制代扣代缴报告表，办理个人所得税代扣代缴纳税申报。
2. 能正确进行个人所得税扣缴的会计处理。

训练背景

长沙万发公司是一家主要生产课桌椅的制造企业，公司法定代表人为柳翼，财务经理为胡梅。单位地址：湖南省长沙市三一路 28 号，公司电话：0731-82625670。公司的纳税人识别号：430104716205242288，开户行：工商银行星沙支行，账号：9012025472973826。该企业是增值税一般纳税人，主管税务机关为雨花区税务局。

备用物品

1. 记账凭证（学生自备）、三栏式总账及明细分类账。
2. 个人所得税率表（一）、个人所得税率表（二）、劳务报酬所得计算表。
3. 个人所得税基础信息表（A 类）、扣缴个人所得税报告表。

训练要求

1. 全面复习个人所得税法的基本条款及代扣代缴与个体工商户个人所得税的会计处理方法。

2. 为了强化实训过程，编制个人所得税分项计算工作底稿，需列出计算过程，以元为单位，保留小数点后 2 位。

3. 模拟训练时既可向训练指导教师请教，也可与其他同学讨论，但不得相互抄袭。

训练操作

1. 根据单位员工各项所得，计算应代扣代缴的个人所得税并编制单位代扣代缴的会计分录。

2. 正确填制扣缴个人所得税报告表，办理个人所得税代扣代缴纳税申报。

3. 进行代扣代缴个人所得税应税与纳税的账户录入。

训练成果

1. 规范正确填写长沙万发公司 2016 年 4 月份工资、薪金扣缴个人所得税报告表。

根据长沙万发公司 2016 年 4 月职工各项所得的业务资料（见表 7-11~表 7-19），填写附件 1 个人所得税基础信息表（A 表）（见表 7-20）及附件 3 扣缴个人所得税报告表（见表 7-21）。

【业务 1】 公司 2016 年 4 月份部门工资结算明细和会计凭证如表 7-11 和表 7-12 所示。

表 7-11

工资结算明细表

2016 年 4 月 25 日

现金付讫

单位：元

姓名	部门	岗位工资	月奖	住房补贴	应付工资	代扣个人住房公积金	代扣个人社保金	代扣个税	实发工资	领款人签章
张政	厂办	4000	1000	500	5500	200	400	310	4590	张政
王宏	厂办	3000	1000	500	4500	200	350	170	3780	王宏
赵红	车间	3000	800	500	4300	200	300	155	3645	赵红
刘杰	车间	2800	800	500	4100	200	300	135	3465	刘杰
魏军	车间	2500	600	500	3600	200	200	95	3105	魏军
黄建	车间	2400	600	500	3500	200	200	85	3015	黄建
胡峰	销售	2000	2000	500	4500	200	150	197.50	3952.50	胡峰
合计		19700	6800	3500	30000	1400	1900	1147.50	25552.50	

表 7-12

会计凭证

2016 年 5 月 31 日　　付字第 14 号

摘要	总账科目	明细分类科目	借方金额（千百十万千百十元角分）	贷方金额（千百十万千百十元角分）	记账签章
发放工资	应付职工薪酬		3000000		
扣公积金	其他应付款	个人住房公积金		140000	章红
代扣保险	其他应付款	个人社保金		190000	章红
代扣个税	应交税费	代扣个人所得税		114750	章红
	库存现金			2555250	章红
合计			¥3000000	¥3000000	

付单据 1 张

财务主管　　记账　　出纳　　审核 王成　　制单 宋平

【业务2】 公司4月份租用夏强拥有的私有住房作办公室，以支票支付了当月租金（不考虑除个人所得税外的其他税费），租赁合同如表7-13所示，付款单如表7-14所示，支票存根如表7-15所示，收款收据如表7-16所示。

表7-13

房屋租赁合同书

出租方：夏强（简称甲方）　　承租方：长沙万发公司（简称乙方）

依据《中华人民共和国合同法》及有关法律、法规的规定，甲乙双方经友好协商一致达成协议如下：

一、甲方将坐落在长沙市雨花区韶山路220号的房屋，建筑面积400平方米，出租给乙方。租期从2016年4月1日起至2019年3月31日止，每月租金20000元（如续租须另签协议）。

二、乙方每月向甲方缴纳租金人民币贰万元整，并于当月初5天内交清。

三、乙方在租赁期间必须遵守国家有关法律。租赁房屋的物管费由乙方负担。甲方应负责出租房屋的正常维修，或委托乙方代行维修，维修费在租金中折算。

四、乙方不得擅自改变房屋的结构及用途，乙方因故意或过失造成租用房屋和配套设备的毁损，应负责恢复房屋原状或赔偿甲方相应经济损失。

五、租赁期间，一方如有变更协议之意，须提前一个月书面通知对方，否则将赔偿由此给对方造成的一切损失。

六、其他未尽事宜，可经双方协商解决。协商不成，可起诉人民法院处理。

七、本合同一式二份，甲乙双方各执一份，均具有同等法律效力。

出租方（签章）：夏强　　承租方（签章）：

身份证号：430102196711021316　　长沙万发公司

2016年04月01日　　2016年04月01日

表7-14

付　款　单

2016年4月3日

单位（或个人）	夏强（身份证号：430102196711021316）				
财务负责人签字盖章	胡梅		项目负责人签字盖章	王小龙	
经办人签字盖章	万清	经办人联系电话		付款方式	银　付
用　　途	付租用办公楼4月份租金				
人民币（大写）	贰万元整			¥20000.00	
备注：出租人夏强的身份证号：430102196711021316，联系方式：13107310568					

表 7-15

中国银行
转账支票存根
10201320
VIV 00205416

长沙市石钞证券印制有限责任公司·2015年印制

附加信息

出票日期 2016 年 4 月 3 日

收款人：本单位

金 额：¥20 000.00

用 途：付 4 月份房租（夏强）

单位主管　　会计

表 7-16

收据

2016 年 4 月 3 日　　　字 066 号

今 收 到 夏强

现金收讫

交　　来 4 月份租金收入

人 民 币（大写）壹仟陆佰元整

¥ 1600.00

收款单位负责人	胡梅	收款人	张东	交款人	夏强

【业务 3】 公司 2016 年 4 月 28 日从赵斌手中购入锯床 5 台，售价 10 万元，出售过程中赵斌支付了交易相关税费 8 000 元，税务已认可，税务机关核定机器的成本为 6 万元。相关原始资料如表 7-17～表 7-19 所示。

表 7-17

湖南增值税普通发票

发票联

4300173130　　№ 00575238　　4300173130 00575238

校验码 62172 24587 37865 34685　　开票日期：2016 年 4 月 28 日

国税函〔2016〕562号北京印钞厂

购货单位	名　　称：长沙万法公司 纳税人识别号：430104712261524123 地 址、电 话：长沙市三一路 28 号 0731-82625670 开户行及账号：工商银行星沙支行 9012025472973826	密码区	362/+*/3-6*90<**-22-4810*0> 416*/62+36+17964374-987+882 86</790</586-6<5+104904*/ 642>739*/62+36+84464374/0-5

货物或应税劳务名称	规格型号	单位	数量	单价	金额	税率	税额
锯床	J-02	台	5	19 417.47	97 087.35	3%	2 912.62
合　计					¥97 087.35		¥2 912.62
价税合计（大写）	⊕壹拾万元整				（小写）¥100 000.00		

销货单位	名　　称：长江市雨花区国税局 纳税人识别号：税收完税凭证号 0055806 地 址、电 话：韶山路 88 号 0731-8586532 开户行及账号：工行韶山路支行 1903010208453706814	备注	赵斌身份证号： 430102196911021318

收款人：王丽　　复核：陈芳　　开票人：马萍　　销货单位：（章）

第二联：发票联 购货方记账凭证

（印章：长沙市雨花区国税局 发票专用章）

表 7-18

长沙万发公司设备付款单

设备购置部门	生产部	经办人	王成
设备名称	锯床 J-02	合同编号	S1143
供货单位	赵斌	合同金额	¥100 000.00
付款内容	第 1 次付款，付款比例为 100%	其他费用	无
本次付款金额(元)	金额小写：　¥100000.00	付款方式	□现金；□汇款；☑支票
	金额大写：壹拾万元整		
	1、审批报告：　☑有　□无；报告原件存放于　公司文档处 2、设备购置合同：☑有　□无；合同原件存放于　公司财务处 3、验收报告：　☑有　□无；报告原件存放于　公司财务处 4、固定资产单：　☑有　□无		
财务部签署意见、盖章签名：同意！ 胡 梅 2016 年 4 月 28 日			
备注			

银行付讫

表 7-19

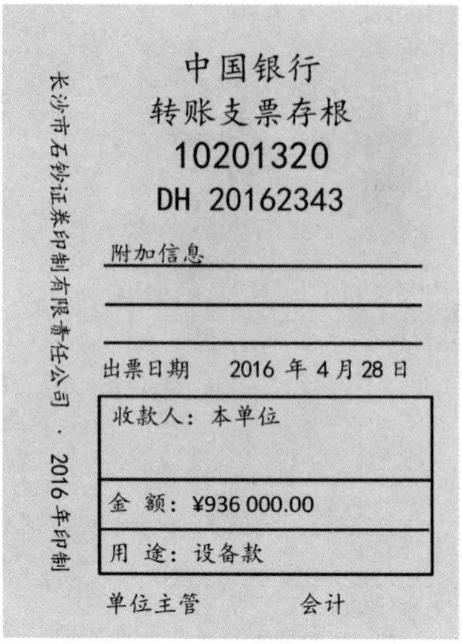

表 7-20

附件 1 个人所得税基础信息表（A 表）

扣缴义务人名称：

扣缴义务人编码：□□□□□□□□□□□□□□□□□□□

序号	姓名	国籍(地区)	身份证件类型	身份证件号码	是否残疾烈属孤老	雇员		非雇员			股东、投资者		境内无住所个人									备注
						电话	电子邮箱	联系地址	电话	工作单位	公司股本（投资）总额	个人股本（投资）额	纳税人识别号	来华时间	任职期限	预计离境时间	预计离境地点	境内职务	境外职务	支付地	境外支付地（国别/地区）	
1																						
2																						
3																						
4																						
5																						
6																						
7																						
8																						
9																						
10																						

谨声明：此表是根据《中华人民共和国个人所得税法》及其实施条例和国家相关法律法规规定填报的，是真实的、完整的、可靠的。

法定代表人（负责人）签字： 年 月 日

扣缴义务人公章： 经办人：	代理机构（人）签章： 经办人： 经办人执业证件号码：	主管税务机关受理专用章： 受理人：
填表日期： 年 月 日	代理申报日期： 年 月 日	受理日期： 年 月 日

国家税务总局监制

表 7-21 **附件 3 扣缴个人所得税报告表**

税款所属期：　　年　月　日至　年　月　日

扣缴义务人名称：　　　　　　　　　　　　　　扣缴义务人所属

行业：□一般行业 □特定行业月份申报

扣缴义务人编码：□□□□□□□□□□□□□□□□　　　　金额单位：人民币元（列至角分）

序号	姓名	身份证件类型	身份证件号码	所得项目	所得期间	收入额	免税所得	税前扣除项目								减除费用	准予扣除的捐赠额	应纳税所得额	税率%	速算扣除数	应纳税额	减免税额	应扣缴税额	已扣缴税额	应补（退）税额	备注
								基本养老保险费	基本医疗保险费	失业保险费	住房公积金	财产原值	允许扣除的税费	其他	合计											
1	2	3	4	5	6	7	8	9	10	11	12	13	14	15	16	17	18	19	20	21	22	23	24	25	26	27
合计																										

谨声明：此扣缴报告表是根据《中华人民共和国个人所得税法》及其实施条例和国家有关税收法律法规规定填写的，是真实的、完整的、可靠的。

法定代表人（负责人）签字：　　　　　　　年　月　日

扣缴义务人公章： 经办人：	代理机构（人）签章： 经办人： 经办人执业证件号码：	主管税务机关受理专用章： 受理人：
填表日期：　年　月　日	代理申报日期：　年　月　日	受理日期：　年　月　日

国家税务总局监制

2. 作关于职工应付薪酬、购入设备和支付租金应代扣个人所得税的涉税会计分录。

训练 7-3　个体工商户个人所得税纳税申报

训练技能

1. 能准确计算个体工商户（个人独资企业、合伙企业）应纳的个人所得税额。

2. 能正确、规范填写生产、经营所得个人所得税纳税申报表，并能熟练进行个体工商个人所得税的纳税申报工作。

3. 能进行个体工商户个人所得税相关涉税会计处理。

企业概况

企业名称：悦来餐厅

注册地：长沙市蔡锷路 108 号

注册资金：10 万元

法人代表：廖佳佳

会计：李琳（兼纳税申报）

出纳员：李珊

税务登记类型：营业税个体工商户，适用营业税税率为 5%，城市维护建设税税率为 7%，教育费附加征收税率为 4.5%。经税务机关核定采用查账征收方式分月按实预缴所得税。

开业日期：2007 年 9 月 10 日

税务管理代码：203000495

开户银行：中国银行蔡锷路支行

账号：50815801298431

电话号码：0731—83251736

备用物品

1. 记账凭证（学生自备）、三栏式总账及明细分类账。

2. 个人所得税率表（一）、个人所得税率表（二）、劳务报酬所得计算表。

3. 个体工商户个人所得税月份申报表、个人所得税基础信息表（B 表）、生产、经营所得个人所得税纳税申报表（B 表）。

训练要求

1. 全面复习个人所得税法的基本条款及代扣代缴与个体工商户个人所得税的会计处理方法。

2. 为了强化实训过程，编制个人所得税分项计算工作底稿，需列出计算过程，以元为单位，保留小数点后 2 位。

3. 模拟训练时既可向训练指导教师请教，也可与其他同学讨论，但不得相互抄袭。

训练操作

1. 计算个体工商户当期生产经营所得应纳的个人所得税，并进行相应会计处理。
2. 填报个体工商户个人所得税月份申报表。
3. 根据个体工商户全年生产经营所得和其他所得，编制全年应纳税所得额计算工作底稿。
4. 计算个体工商户全年应纳的个人所得税并进行纳税申报与相应分录处理。
5. 进行个体工商户个人所得税应税与纳税的账户录入。

训练成果

1. 计算个体工商户生产经营所得应纳的个人所得税，进行相应会计处理。

【业务 1】 悦来餐厅 2016 年 12 月 1~31 日损益类账户发生额汇总如表 7-22 所示。

表 7-22　**悦来餐厅 2016 年 12 月 1 日~31 日损益类账户发生额汇总表**　单位：元

账户名称	借方发生额合计	贷方发生额合计
营业收入		213600
营业成本	145440	
营业税金	6428	
营业费用	22720	
营业外支出	14200	

【业务 2】 悦来餐厅 2016 年 1 月 1 日~12 月 31 日损益类账户全年发生额汇总如表 7-23 所示。

表 7-23　**悦来餐厅 2016 年 1 月 1 日~12 月 31 日损益类账户全年发生额汇总表**　单位：元

账户名称	借方发生额合计	贷方发生额合计
营业收入		1295000
营业成本	518000	
营业费用	328240	
营业外支出（损失）	124200	

【业务 3】 悦来餐厅应交税费——应交个人所得税明细账如表 7-24 所示。

表 7-24

<table>
<tr><td colspan="16">应交税费——个人所得税　明细账</td></tr>
<tr><td colspan="2">2016年</td><td rowspan="2">凭证号</td><td rowspan="2">摘　要</td><td>借　方</td><td>贷　方</td><td rowspan="2">借或贷</td><td>余　额</td></tr>
<tr><td>月</td><td>日</td><td>亿千百十万千百十元角分</td><td>亿千百十万千百十元角分</td><td>亿千百十万千百十元角分</td></tr>
<tr><td></td><td></td><td></td><td>承前页</td><td>6486705</td><td>7405705</td><td>贷</td><td>919000</td></tr>
<tr><td>12</td><td>30</td><td>记3</td><td>缴税（1-11 月累计应纳税所得额 44800 元）</td><td>919000</td><td></td><td>平</td><td>0</td></tr>
<tr><td></td><td>31</td><td>记20</td><td>计算 12 月预缴个税</td><td></td><td>842420</td><td>贷</td><td>842420</td></tr>
<tr><td></td><td></td><td></td><td>本年累计</td><td>7405705</td><td>8248125</td><td>平</td><td>842420</td></tr>
<tr><td></td><td></td><td></td><td>结转下年</td><td></td><td></td><td></td><td></td></tr>
</table>

注：悦来餐厅 2017 年 2 月 15 日进行了 2016 年度汇算清缴工作

2. 填报个体工商户个人所得税月份申报表（见表 7-25）。

表 7-25　　个体工商户所得税月份申报表

纳税月份：　　　　　　　　　　　　　　填表日期：

纳税人编码：　　　　　　　　　　　　　金额单位：人民币元

<table>
<tr><td>主业姓名</td><td colspan="2"></td><td>户名</td><td colspan="3"></td></tr>
<tr><td>地　址</td><td></td><td>邮　编</td><td></td><td>电　话</td><td colspan="2"></td></tr>
<tr><td>业　别</td><td></td><td>开始生产日期</td><td></td><td colspan="2">银行账号</td><td></td></tr>
<tr><td colspan="6">项　目</td><td>金　额</td></tr>
<tr><td rowspan="2">利润（亏损）额</td><td colspan="5">1. 本月收入总额</td><td></td></tr>
<tr><td colspan="5">2. 本月利润（亏损）额</td><td></td></tr>
<tr><td rowspan="4">应纳税所得额的计算</td><td colspan="5">3. 本月按实际计算的应纳税所得额</td><td></td></tr>
<tr><td colspan="5">4. 上年度应纳税所得额的十二分之一</td><td></td></tr>
<tr><td colspan="5">5. 经核定利润计算的应纳税所得额</td><td></td></tr>
<tr><td colspan="5">6. 经税务机关认可的其它方法计算所得额</td><td></td></tr>
<tr><td rowspan="3">应纳税所得额的计算</td><td colspan="5">7. 税率</td><td></td></tr>
<tr><td colspan="5">8. 速算扣除数</td><td></td></tr>
<tr><td colspan="5">9. 本月预缴税额</td><td></td></tr>
<tr><td>授权代理</td><td colspan="2">（如果你已委托代理人，请填写下列资料）为代理一切税务事宜，现授权（地址）为本人代理申报人，任何与本申报有关的来往文件都可寄与此人。

授权人签字：</td><td>声明</td><td colspan="3">我声明：此纳税申报表是根据《中华人民共和国个有所得税法》的规定填报的，我确信它是真实的、可靠的、完整的。

声明人签字：</td></tr>
</table>

代理申报人（签字）：　　　　　　　　　纳税人（签字或盖章）：

以下由税务机关填写：

<table>
<tr><td>收到日期</td><td>接收人</td><td>审核日期</td><td rowspan="2">主管税务机关盖章

主管税务官员盖章</td></tr>
<tr><td>审核记录</td><td colspan="2"></td></tr>
</table>

3. 完成个体工商户个人所得税年度纳税申报（见表 7-26 和表 7-27）。

表 7-26　　　　　　　　**附件 2　个人所得税基础信息表（B 表）**

<table>
<tr><td>姓名</td><td></td><td>身份证件类型</td><td></td><td>身份证件号码</td><td></td></tr>
<tr><td>纳税人类型</td><td colspan="5">□有任职受雇单位　□无任职受雇单位（不含股东投资者）　□投资者　□无住所个人　（可多选）</td></tr>
<tr><td rowspan="3">任职受雇单位名称及纳税人识别号</td><td colspan="3"></td><td colspan="2"></td></tr>
<tr><td colspan="3"></td><td colspan="2"></td></tr>
<tr><td colspan="3"></td><td colspan="2"></td></tr>
<tr><td>“三费一金”缴纳情况</td><td colspan="3">□基本养老保险费　□基本医疗保险费
□失业保险费　□住房公积金　□无　（可多选）</td><td>电子邮箱</td><td></td></tr>
<tr><td>境内联系地址</td><td colspan="3">________省________市________区（县）________________
____________________</td><td>邮政编码</td><td></td></tr>
<tr><td>联系电话</td><td colspan="3">手机：____________________固定电话：______________</td><td>职业</td><td></td></tr>
<tr><td>职务</td><td colspan="3">○高层　○中层　○普通　（只选一）</td><td>学历</td><td></td></tr>
<tr><td>是否残疾人/烈属/孤老</td><td colspan="3">□残疾　□烈属　□孤老　□否</td><td>残疾等级情况</td><td></td></tr>
<tr><td>该栏仅由有境外所得纳税人填写</td><td colspan="2">○户籍所在地
○经常居住地</td><td colspan="3">________省________市________区（县）____________
邮政编码________</td></tr>
<tr><td rowspan="8">该栏仅由投资者纳税人填写</td><td colspan="2">投资者类型</td><td colspan="3">□个体工商户　□个人独资企业投资者　□合伙企业合伙人
□承包、承租经营者　□股东　□其他投资者
（可多选）</td></tr>
<tr><td rowspan="4">被投资单位信息</td><td>名称</td><td></td><td>扣缴义务人编码</td><td></td></tr>
<tr><td>地址</td><td></td><td>邮政编码</td><td></td></tr>
<tr><td>登记注册类型</td><td></td><td>行业</td><td></td></tr>
<tr><td>所得税征收方式</td><td>○查账征收　○核定征收（只选一）</td><td>主管税务机关</td><td></td></tr>
<tr><td colspan="5">以下由股东及其他投资者填写</td></tr>
<tr><td colspan="2">公司股本（投资）总额</td><td></td><td>个人股本（投资）额</td><td></td></tr>
</table>

续表

<table>
<tr><td rowspan="14">该栏仅由无住所纳税人填写</td><td colspan="2">纳税人识别号</td><td colspan="3"></td></tr>
<tr><td colspan="2">国籍（地区）</td><td></td><td>出生地</td><td></td></tr>
<tr><td colspan="2">性别</td><td></td><td>出生日期</td><td>____年__月___日</td></tr>
<tr><td colspan="2">劳动就业证号码</td><td></td><td>是否税收协定缔约国对方居民</td><td>○是　　○否</td></tr>
<tr><td colspan="2">境内职务</td><td></td><td>境外职务</td><td></td></tr>
<tr><td colspan="2">来华时间</td><td></td><td>任职期限</td><td></td></tr>
<tr><td colspan="2">预计离境时间</td><td></td><td>预计离境地点</td><td></td></tr>
<tr><td rowspan="2">境内任职受雇单位</td><td>名称</td><td></td><td>扣缴义务人编码</td><td></td></tr>
<tr><td>地址</td><td></td><td>邮政编码</td><td></td></tr>
<tr><td rowspan="2">境内受聘签约单位</td><td>名称</td><td></td><td>扣缴义务人编码</td><td></td></tr>
<tr><td>地址</td><td></td><td>邮政编码</td><td></td></tr>
<tr><td>境外派遣单位</td><td>名称</td><td></td><td>地址</td><td></td></tr>
<tr><td colspan="2">支付地</td><td>○境内支付　　○境外支付
○境内、外同时支付　　（只选一）</td><td>境外支付国国别（地区）</td><td></td></tr>
<tr><td colspan="5"></td></tr>
<tr><td colspan="6">谨声明：此表是根据《中华人民共和国个人所得税法》及其实施条例和国家相关法律法规规定填写的，是真实的、完整的、可靠的。
纳税人签字:　　　　　　年　月　日</td></tr>
<tr><td colspan="3">代理机构（人）签章:
经办人：
经办人执业证件号码:</td><td colspan="3">主管税务机关受理专用章:
受理人：</td></tr>
<tr><td colspan="3">填表（代理申报）日期:　　年　　月　　日</td><td colspan="3">受理日期:　　年　　月　　日</td></tr>
</table>

国家税务总局监制

表 7–27　　　　　　附件 8　生产、经营所得个人所得税纳税申报表（B 表）

税款所属期：　　年　月　日至　　年　月　日　　　　　　　　金额单位：人民币元（列至角分）

<table>
<tr><td rowspan="2">投资者信息</td><td>姓名</td><td></td><td>身份证件类型</td><td></td><td>身份证件号码</td><td></td></tr>
<tr><td>国籍（地区）</td><td colspan="3"></td><td>纳税人识别号</td><td></td></tr>
<tr><td rowspan="2">被投资单位信息</td><td>名称</td><td colspan="3"></td><td>纳税人识别号</td><td></td></tr>
<tr><td>类型</td><td colspan="5">□个体工商户　　□承包、承租经营者　　□个人独资企业　　□合伙企业</td></tr>
</table>

项　　目	行次	金额	补充资料
一、收入总额	1		
减：成本	2		
营业费用	3		
管理费用	4		
财务费用	5		
营业税金及附加	6		
营业外支出	7		
二、利润总额	8		
三、纳税调整增加额	9		
1．超过规定标准扣除的项目	10		
（1）职工福利费	11		1．年平均职工人数：______人
（2）职工教育经费	12		2．工资总额：______元
（3）工会经费	13		
（4）利息支出	14		3．投资者人数：______人
（5）业务招待费	15		
（6）广告费和业务宣传费	16		
（7）教育和公益事业捐赠	17		
（8）住房公积金	18		
（9）社会保险费	19		
（10）折旧费用	20		
（11）无形资产摊销	21		
（12）资产损失	22		
（13）其他	23		
2．不允许扣除的项目	24		
（1）资本性支出	25		
（2）无形资产受让、开发支出	26		

续表

（3）税收滞纳金、罚金、罚款	27		
（4）赞助支出、非教育和公益事业捐赠	28		
（5）灾害事故损失赔偿	29		
（6）计提的各种准备金	30		
（7）投资者工资薪金	31		
（8）与收入无关的支出	32		
其中：投资者家庭费用	33		
四、纳税调整减少额	34		
1．国债利息收入	35		
2．其他	36		
五、以前年度损益调整	37		
六、经纳税调整后的生产经营所得	38		
减：弥补以前年度亏损	39		
乘：分配比例%	40		
七、允许扣除的其他费用	41		
八、投资者减除费用	42		
九、应纳税所得额	43		
十、税率（%）	44		
十一、速算扣除数	45		
十二、应纳税额	46		
减：减免税额	47		
十三、全年应缴税额	48		
加：期初未缴税额	49		
减：全年已预缴税额	50		
十四、应补（退）税额	51		

谨声明：此表是根据《中华人民共和国个人所得税法》及其实施条例和国家相关法律法规规定填写的，是真实的、完整的、可靠的。

纳税人签字： 年 月 日

代理申报机构（人）公章: 经办人： 经办人执业证件号码:	主管税务机关受理专用章: 受理人：
代理申报日期: 年 月 日	受理日期: 年 月 日

国家税务总局监制

项目 8　企业其他税种业务训练

训练 8-1　城市维护建设税和教育费附加纳税申报

训练技能

1. 能正确进行城市维护建设税、教育费附加的计算。
2. 能正确进行城市维护建设税、教育费附加的相关会计处理。
3. 能正确进行城市维护建设税、教育费附加的纳税申报表的填制与申报。

训练背景

1. 企业基本情况

企业名称：长沙泰和达机械有限公司
公司地址：地处长沙市区远大路 124 号
电话号码：0731-86909998
法人代表：陈　源
纳税人登记号：430121763255386123
会计主管：刘　润
开户行：中国工商银行红星支行
账号：9005600589400351234

2. 经济业务说明

假设长沙泰和达机械有限公司 10 月份取得的专用发票已办理认证。公司 2016 年 10 月份的附加税纳税申报表于 2016 年 11 月 8 日报出。

流程介绍

其他税申报流程，如图 8-1 所示。

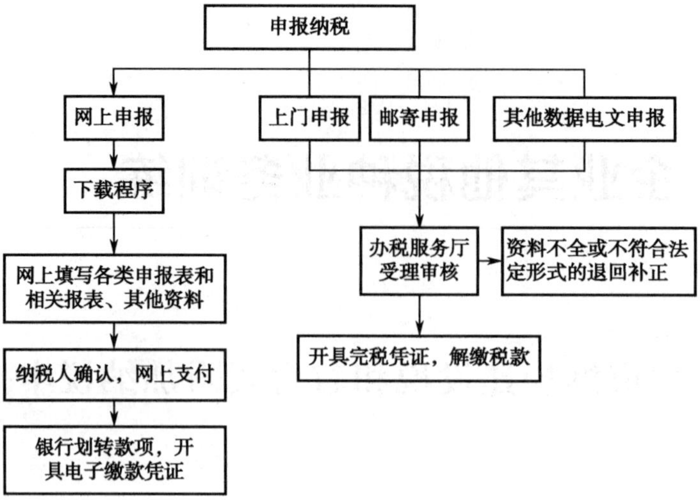

图 8-1　其他税申报流程

备用物品

1. 记账凭证：(学生自备)。
2. 会计账簿：总分类账簿、三栏式明细分类账簿。
3. 纳税申报表：城建税纳税申报表、教育费附加申报表。

训练要求

1. 全面复习城市维护建设税、教育费附加内容，以及有关城市维护建设税、教育费附加涉税业务的会计处理方法。为了加强计税方法和涉税业务会计处理的操作，要求学生按每笔业务计算应纳的城建税及教育费附加，在月末一次汇总计算，并进行相应会计处理。

2. 熟悉城市维护建设税、教育费附加纳税申报程序及纳税申报表的格式及填制方法。

3. 训练操作过程中逐步养成认真、仔细、一丝不苟的工作习惯。

训练成果

1. 根据业务资料计算城建税及教育费附加，并进行相应会计处理。

公司 2016 年 10 月发生的与城建税、教育费附加相关的业务资料如下所示。

【业务 1】 原始资料如表 8-1～表 8-4 所示。

表 8-1

中华人民共和国
税收完税证明

国

注册类型：有限责任公司　　填发日期：2016 年 10 月 8 日　　征收机关：长沙市国税局五分局

纳税人识别号	430121763255386123			纳税人名称	长沙泰和达机械有限公司
原凭证号	税　种	品目名称	税款所属时期	入（返）库日期	实缴（返）金额
	增值税	制造业 （17%）	2016-09-01 至 2016-09-30		60 000.00
金额合计	（大写）陆万元整				¥60 000.00
税务机关 （盖章）		填票人 王科	备注：税票号码：02388542 税管员：李红		

此凭证仅作为纳税人的完税凭证，此外无效

表 8-2

中华人民共和国
税收完税证明

地

注册类型：有限责任公司　　填发日期：2016 年 10 月 8 日　　征收机关：长沙市地税务分局管理三科

纳税人识别号	43012176325538613			纳税人名称	长沙泰和达机械有限公司
原凭证号	税　种	品目名称	税款所属时期	入（返）库日期	实缴（返）金额
	城市维护建设税 -增值税 教育费附加 -增值税		2016-09-01 至 2016-09-30 2016-09-01 至 2016-09-30		4 200.00 1 800.00
金额合计	（大写）陆仟元整				¥6 000.00
税务机关 （盖章）		填票人 李玉	备注：税票号码：02388542 税管员：黄华		

此凭证仅作为纳税人的完税凭证，此外无效

表 8-3

中国建设银行
转账支票存根
10201320
NO 00000008

附加信息

出票日期　2016 年 10 月 08 日

收款人：长沙市税务五分局	
金　额：¥60 000.00	
用　途：税款	

单位主管　　　会计

长沙市石钞证券印制有限责任公司 · 2015年印制

表 8-4

中国建设银行
转账支票存根
10201320
NO 00000009

附加信息

出票日期　2016 年 10 月 08 日

收款人：雨花区地税局	
金　额：¥6 000.00	
用　途：税款	

单位主管　　　会计

长沙市石钞证券印制有限责任公司 · 2015年印制

【业务 2】 10 月 23 日购进口小汽车一辆，原始资料如表 8-5～表 8-7 所示。（当日，美元：人民币 1 兑 7.40501）

表 8-5　　　　中华人民共和国海关进口货物报关单

预录入编号：00236578　　　　海关编号：000000206100123

收发货人 **长沙泰和达机械有限公司**	进口口岸 **长江港口 2311**		进口日期 **2016-10-23**	申报日期 **2016-10-23**
消费者使用单位 **长沙泰和达机械有限公司**	运输方式 **航空运输**		运输工具名称 **526299**	提运单号 **0365206**
申报单位 **湖南对外贸易公司**	监管方式 **一般贸易**		征免性质 **一般征税**	备案号 **002132428**
贸易国（地区）	启运国（地区）**法国 301**		装货港 **华盛顿 401**	境内目的地 **长沙**
许可证号	成交方式**武汉 CIF**	运费	保费	杂费
合同协议号	件数 **1 辆**	包装种类	毛重（千克）**1754**	净重（千克）**1324**
集装箱号 **03**	随附单据	**310300106005555**		
标记唛码及备注				

项目	商品编号	商品名称、规格型号	数量及单位	原产国（地区）	单价	总价	币制	征免
	A50024	**标志 307　DC7164C**	**1 辆**	**法国**	**USD21000**	**21000**	**美元**	**照章**

续表

<table>
<tr><td colspan="3"> </td></tr>
<tr><td colspan="3"> </td></tr>
<tr><td>特殊关系确认：</td><td>价格影响确认：</td><td>支付特许权使用费确认：</td></tr>
<tr><td>录入员　录入单位</td><td>兹申明对以上内容承担如实申报、依法纳税之法律责任</td><td rowspan="2">海关批注及签章</td></tr>
<tr><td>报关人员</td><td>申报单位（签章）
湖南□□外贸□□公司
报关专用章</td></tr>
</table>

表 8-6　　　　海关代征增值税（消费税）专用缴款书（收据联）

收入系统：海关系统　　　　　　填发日期：2016 年 10 月 23 日

<table>
<tr><td rowspan="3">收款单位</td><td>收入机关</td><td colspan="4">中央金库</td><td rowspan="3">缴款单位人</td><td>名　称</td><td>长沙泰和达机械有限公司</td><td rowspan="12">第一联：（收据）国库收款签章后交缴款单位或缴款人</td></tr>
<tr><td>科　目</td><td colspan="2"></td><td>预算级次</td><td>中央</td><td>账　号</td><td>9005600589400351234</td></tr>
<tr><td>收缴国库</td><td colspan="4"></td><td>开户银行</td><td>中国工商银行红星支行</td></tr>
<tr><td>税号</td><td>货物名称</td><td>数量</td><td>单位</td><td>完税价格（¥）</td><td>税率（%）</td><td colspan="3">税款金额（¥）</td></tr>
<tr><td>8703243010</td><td>标志 307</td><td>1</td><td>辆</td><td>202832.76</td><td>8</td><td colspan="3">16226.62</td></tr>
<tr><td></td><td></td><td></td><td></td><td></td><td>17</td><td colspan="3">34481.57</td></tr>
<tr><td colspan="6">人民币（大写）伍万零柒佰零捌元壹角玖贰分</td><td colspan="3">合计（¥）50708.19</td></tr>
<tr><td colspan="2">申请单位编号</td><td>650459001</td><td>报关单编号</td><td>94043934</td><td>填制单位</td><td colspan="3">收缴国库（银行）</td></tr>
<tr><td colspan="2">合同（批文）号</td><td>05783</td><td>运输工具号</td><td>526299</td><td rowspan="4">制单人：

复核人：</td><td colspan="3" rowspan="4"></td></tr>
<tr><td colspan="2">交款期限</td><td>2016 年 11 月 06 日前</td><td>提/装货单号</td><td>0365206</td></tr>
<tr><td rowspan="2">备注</td><td colspan="4">一般贸易照章征税：2016-10-23
国际代码：110102101107362USD</td></tr>
<tr><td colspan="4">长沙泰和达机械有限公司 财务专用章　中华人民共和国长沙海关 单证专用章　中华人民共和国国家金库 长沙市中心支库</td></tr>
</table>

从填发缴款书之日起限 15 日内缴纳（期末遇法定节假日顺延），逾期按日征收税款总额千分之一的滞纳金。

表 8-7　　　　　　　　　　**海关进口关税专用缴款书（收据联）**

收入系统：海关系统　　　　　　　　填发日期：2016 年 10 月 23 日

收款单位	收入机关	中央金库		缴款单位人	名　称	长沙泰和达机械有限公司	第一联：（收据）国库收款签章后交缴款单位或缴款人
	科　目		预算级次		账　号	9005600589400351234	
	收缴国库				开户银行	中国工商银行红星支行	

税号	货物名称	数量	单位	完税价格（¥）	税率（%）	税款金额（¥）
	标志 307	1	辆	155505.12	20	31101.02
人民币（大写）叁万壹仟壹佰零壹元零贰分						合计（¥）31101.02
申请单位编号	650459001	报关单编号	94043934		填制单位	收缴国库（银行）
合同（批文）号	05783	运输工具（号）	526299		制单人 复核人：	
交款期限	2016 年 11 月 06 日前	提/装货单号	0365206			
备注	一般贸易照章征税：2016-10-23 国际代码：110102101107362USD					

从填发缴款书之日起限 15 日内缴纳（期末遇法定节假日顺延），逾期按日征收税款总额千分之一的滞纳金。

【业务 3】 原始凭证如表 8-8 至表 8-9 所示。

表 8-8

应交税费—应交增值税明细账

2016年 月	日	凭证号数	摘　要	借方 合计	借方 进项税额	借方 已交税金	贷方 合计	贷方 销项税额	贷方 进行税额转出	贷方 出口退税	借或贷	余　额
10	1		上年结转								贷	352941.18
	4	1	购材料	6630.00	6630.00							
	8	4	缴纳税金	352941.18		352941.18						
	15	6	销售自制高档手表				68000.00	68000.00				
	18	8	付维修费	170.00	170.00							
	31	27	销售工业机械				108800.00	108800.00			贷	170000.00

说明：该账簿中记录的增值税进项税额均取得、保管增值税抵扣凭证，并通过主管税务机关认证；15 日凭证显示销售高档手表 16 块，不含税单价 25 000 元，未登其他相关账簿。

表 8-9

城市维护建设税教育费附加计算表

2016 年 10 月 31 日　　　　单位：万元

项　　目	计税金额	适用税率	税额	城市维护建设税		教育费附加		合　计
				税　率	税　额	税　率	税　额	
增值税	1000000	17%	170000	7%	11900	3%	5100	17000
消费税	400000	20%	80000	7%	5600	3%	2400	8000
营业税	300000	5%	15000	7%	1050	3%	450	1500
合计	1700000		265000	7%	18550	3%	7950	26500

说明：10 月 2 日出售老仓库一间（60 平方米）取得现金收入 30 万元开给买受方白条，至 31 日仍没有办理任何手续。

2. 填制城建税纳税申报表（见表 8-10）、教育费附加申报表（见表 8-11）。

表 8-10

城市维护建设税纳税申报表

填表日期：　　年　　月　　日

纳税人识别号：　　　　单位：元（列至角分）

纳税人名称			税款所属时期			
计税依据	计税金额	率	应纳税额	已纳税额	应补（退）税额	
1	2	3	4=2×3	5	6=4-5	
合计						
如纳税人填报，由纳税人填写以下各栏			如委托代理人填报，由代理人填写以下各栏			备注
会计主管（签章）	纳税人（公章）		代理人名称		代理人（公章）	
			代理人地址			
			经办人		电　话	
以下由税务机关填写						
收到申报表日期			接收人			

表 8-11

教育费及附加纳税申报表

填表日期：　　年　　月　　日

纳税人识别号：　　　　　　　　　　　　　　　　　　　　　　　　单位：元（列至角分）

<table>
<tr><td>纳税人名称</td><td colspan="2"></td><td>税款所属时期</td><td colspan="3"></td></tr>
<tr><td>计税依据</td><td>计税金额</td><td>税　率</td><td>应纳税额</td><td>已纳税额</td><td colspan="2">应补、退税额</td></tr>
<tr><td>1</td><td>2</td><td>3</td><td>4=2×3</td><td>5</td><td colspan="2">6=4-5</td></tr>
<tr><td></td><td></td><td></td><td></td><td></td><td colspan="2"></td></tr>
<tr><td></td><td></td><td></td><td></td><td></td><td colspan="2"></td></tr>
<tr><td></td><td></td><td></td><td></td><td></td><td colspan="2"></td></tr>
<tr><td>合　计</td><td></td><td></td><td></td><td></td><td colspan="2"></td></tr>
<tr><td colspan="3">如纳税人填报，由纳税人填写以下各栏</td><td colspan="3">如委托代理人申报填报，由代理人填写以下各栏</td><td>备注</td></tr>
<tr><td rowspan="3">会计主管（签章）</td><td colspan="2" rowspan="3">纳税人（签章）</td><td>代理人名称</td><td></td><td rowspan="2">代理人
（公章）</td><td></td></tr>
<tr><td>代理人地址</td><td></td><td></td></tr>
<tr><td>经办人</td><td></td><td>电　话</td><td></td></tr>
<tr><td colspan="7">以下由纳税机关填写</td></tr>
<tr><td>收到申报日期</td><td colspan="2"></td><td>接收人</td><td colspan="3"></td></tr>
</table>

课后谈税

注意了！（1）自 2016 年 5 月 1 日起，纳税人跨地区提供建筑服务、销售和出租不动产的，应在建筑服务发生地、不动产所在地预缴增值税时，以预缴增值税税额为计税依据，并按预缴增值税所在地的城市维护建设税适用税率和教育费附加征收率就地计算缴纳城市维护建设税和教育费附加。（2）自 2016 年 5 月 1 日起，预缴增值税的纳税人在其机构所在地申报缴纳增值税时，以其实际缴纳的增值税税额为计税依据，并按机构所在地的城市维护建设税适用税率和教育费附加征收率就地计算缴纳城市维护建设税和教育费附加。

训练 8-2　企业房产税纳税申报

训练技能

1. 能正确进行房产税的计算。
2. 能正确进行房产税的相关会计处理。
3. 能正确进行房产税纳税申报表的填制与申报。

训练背景

1. 企业基本情况

企业名称：长江实业有限责任公司

注册地：湖南省长沙市阿弥岭 58 号

注册资金：8000 万元
电话号码：0731-84672180
开户行：中国建设银行五一支行
账号：9005600589400351234
纳税人登记号：430111407030041123
法人代表：邓胜利
会计主管：王霞
微机代码：1522622
会计：张翔（出纳），姚新（制单），王霞（审核）

2. 经济业务说明

企业房产均为钢筋混泥土结构。主管税务机关核定企业房产税按半年缴纳。已知该地区规定计算房产余值时的扣除比例为 30%。

2016 年 6 月固定资产折旧计算表如表 8-12 所示。

表 8-12

固定资产折旧计算表

2016 年 6 月 30 日　　单位：元

固定资产名称	固定资产原值	月折旧额	累计折旧
生产经营用房	90 000 000	142 500	17 100 000
管理部门小计	27 000 000	42 752	3 610 200
其中：1 号办公楼	8 000 000	12 667	1 520 040
2 号办公楼	10 000 000	15 835	1 520 160
3 号办公楼	6 000 000	9 500	570 000
仓库	3 000 000	4 750	456 000
合　计	117 000 000	185 252	20 710 200

备用物品

1. 记账凭证：(学生自备)。
2. 会计账簿：总分类账簿、三栏式明细分类账簿。
3. 纳税申报表：房产税纳税申报表。

训练要求

1. 全面复习房产税法及有关房产税涉税业务的会计处理方法。
2. 熟悉房产税纳税申报程序及纳税申报表的格式及填制方法。

3. 认真、仔细聆听训练教师的讲解，不懂或难以操作的业务，主动请教训练指导教师。

训练成果

1. 计算长江实业有限责任公司2016年7~12月应纳的房产税税额，并进行相应会计处理。

【业务1】 7月1日将仓库出租给长沙金沙连锁超市，租期5年，年租金收入20万元。原始凭证如表8-13~表8-16所示。

表8-13

财产租赁合同

出租方：长江实业有限责任公司

承租方：长沙金沙连锁超市

根据《中华人民共和国经济合同法》及有关规定，为明确出租方与承租方的权利义务关系，经双方协商一致，签订本合同。

第一条　出租方将本厂区内一号仓库4间，面积1000平方米，租给承租方用于库存商品，交于承租方前，出租方要确保门窗、屋顶、地面、设备良好，适合存储货物使用。

第二条　租赁期限5年，出租方从2016年7月1日起将房屋交付承租方使用，至2021年6月30日收回，承租人如有下列情形之一的，出租人可以终止合同，收回房屋。

1．承租人擅自将房屋转让、转租或转借的。

2．承租人利用承租房屋进行非法活动的。

3．承租人拖欠租金累计3个月的。

第三条　每年租金20万元人民币，按年交纳，于当年7月10日前一次交清。

第四条　……

本合同一式二份，出租方、承租方各执一份；合同副本一份，交市公证机关备案。

出租方（盖章）长江实业有限责任公司

地址：

法定代表人（签名）邓胜利

委托代理人（签名）

开户银行：

账号：

日期：2016年7月1日

长沙实业有限责任公司
合同专用章

承租方：长沙金沙连锁超市

地址：

法定代表人（签名）毛利

委托代理人（签名）

开户银行：

账号：

日期：2016年7月1日

长沙金沙连锁超市公章
合同专用章

表 8-14

湖南增值税普通发票

此联不作报销、扣税使用

4300162130　　№ 10001564　　4300163130 10001564

校验码 62172 24587 37865 34685　　开票日期：2016 年 7 月 8 日

购货单位	名　　称：长沙金沙连锁超市 纳税人识别号：180802002268151312 地 址、电 话：长沙市长宁道 01 号 开户行及账号：中国建设银行芙蓉路支行 9005006525896002	密码区	362/+*/3-6*90<**-22-4810*0> 416*/62+36+17964374-987+882 86<//790</586-6<5+104904*/ 642>739*/62+36+84464374/0-5

货物或应税劳务名称	规格型号	单位	数量	单价	金额	税率	税额
租金（库房出租）					194174.76	3%	5825.24
合　　计					¥194174.76		¥5825.24
价税合计（大写）	⊕贰拾万元整				（小写）¥200 000.00		

销货单位	名　　称：长江实业有限责任公司 纳税人识别号：170802002268151302 地 址、电 话：长沙市解放路 152 号 0731-84672180 开户行及账号：中国建设银行五一支行 9005600589400351234	备注	长江实业有限责任公司 170802002268151302 发票专用章

收款人：　　复核：　　开票人：姚新　　销货单位：（章）

第一联：记账联 销货方记账凭证

国税函〔2016〕562号北京印钞厂

表 8-15

建设银行 进 账 单（收账通知）　　3

2016 年 7 月 8 日

收款人	全　称	长沙金沙连锁超市	付款人	全　称	长江实业有限责任公司
	账　号	9005006525896002		账　号	9005600589400351234
	开户银行	建行长沙芙蓉路支行		开户银行	中国建设银行五一支行

金额	人民币（大写）贰拾万元整	亿	千	百	十	万	千	百	十	元	角	分
				¥	2	0	0	0	0	0	0	0

票据种类	转支	票据张数	1	中国建设银行五一支行 2016.07.08 转讫
票据号码				
复核：　记账：				收款人开户银行签章

此联是收款人开户银行交给收款人的收账通知

表 8-16

建设银行 进 账 单（回 单） 1

2016 年 7 月 8 日

收款人	全称	长沙金沙连锁超市	付款人	全称	长江实业有限责任公司
	账号	9005006525896002		账号	9005600589400351234
	开户银行	建行长沙芙蓉路支行		开户银行	中国建设银行五一支行
金额	人民币（大写）	贰拾万元整		亿千百十万千百十元角分	¥2 0 0 0 0 0 0 0
票据种类	回单	票据张数	1		
票据号码					
复核： 记账：				开户银行签章	[中国建设银行五一支行 2016.07.08 转讫]

此联是收款人开户银行交给持票人的回单

【业务 2】 7 月 20 日购置存量房一栋，25 日取得房地产权属登记机关签发的房地产权属证书。原始凭证如表 8-17~表 8-19 所示。

表 8-17

销 售 不 动 产 统 一 发 票（自 开）

发票联

开票日期 2016年7月20号

发票代码 00988765003

发票号码 No009756123

机打代码 机打号码 机器号码	008901560288 06991132 013245-09		密码	362/+*/3-6*90<**-22-4810*0> 416*/62+36+17964374-987+882 86<//790>*/586-6<5+104904*/ 642>739*/62+36+84464374/0-5		
付款方名称	长江实业有限责任公司		身份证号/组织机构代码/纳税人识别号	430111407030041123		
收款方名称	湖南大地有限公司		身份证号/组织机构代码/纳税人识别号	430403000000999123		
不动产项目名称	不动产项目编号	销售的不动产楼牌号	建筑面积 室内面积 （m²）	单价（元/m²）	金额（元）	款项性质 1. 预售定金 2. 预售的房款 3. 购房款 4. 其他（请注明）
明月山庄	005	2 号楼	2000	4475.00	8950000.00	购房款
合计金额（元）（大写） 捌佰玖拾伍万元整					¥8 950 000.00	
备注：				主管税务机关及代码	长沙市地方税务局二分局 1364508	

开票人：祝新 开票单位签章：[湖南大地有限公司 430403000000999123 发票专用章]

第三联 发票联（付款方记账凭证）

[全国统一发票监制章 湖南 地方税务总局监制]

表 8-18

销售不动产统一发票（自开）

抵扣联

全国统一发票监制章 湖南 地方税务总局监制

开票日期 2016年7月20号

发票代码 00988765003
发票号码 No009756123

机打代码 机打号码 机器号码	008901560288 06991132 013245-09	密码	362/+*/3-6*90<**-22-4810*0> 416*/62+36+17964374-987+882 86<//790>*/586-6<5+104904*/ 642>739*/62+36+84464374/0-5			
付款方名称	长江实业有限责任公司		身份证号/组织机构代码/纳税人识别号	430111407030041123		
收款方名称	湖南大地有限公司		身份证号/组织机构代码/纳税人识别号	430403000000999123		
不动产项目名称	不动产项目编号	销售的不动产楼牌号	建筑面积室内面积（m²）	单价（元/m²）	金额（元）	款项性质 1. 预售定金 2. 预售的房款 3. 购房款 4. 其他（请注明）
明月山庄	005	2号楼	2000	4475.00	8950000.00	购房款
合计金额（元）（大写） 捌佰玖拾伍万元整				¥8 950 000.00		
备注：			主管税务机关及代码	长沙市地方税务局二分局 1364508		

开票人：祝新　　开票单位签章：湖南大地有限公司 430403000000999123 发票专用章

第二联 抵扣联（购货方抵扣凭证）

表 8-19

长沙市石钞证券印制有限责任公司·2015年印制

中国建设银行
转账支票存根
10201320
NO 00000010

附加信息

出票日期　2016 年 7 月 20 日

收款人：湖南大地有限公司
金　额：¥8 950 000.00
用　途：购房款

单位主管 王霞　　会计 张翔

【业务3】 2月1日对1号办公楼进行改造工程，当年8月18日办理验收手续。为改造办公楼支付费用120万元，另加装中央空调支付80万元，该中央空调单独作为固定资产入账。原始凭证如表8-20~表8-26所示。

表 8-20

长沙市石钞证券印制有限责任公司 · 2015年印制

中国建设银行
转账支票存根
10201320
NO 00000120

附加信息

出票日期　2016 年 7 月 28 日

收款人：	长沙科隆有限公司
金　额：	¥1 200 000.00
用　途：	办公楼改造费

单位主管　王霞　　会计　张翔

表 8-21

建筑业统一发票（自开）

发票联

开票日期 2016年7月20号

发票代码 00898765003
发票号码 05998818

机打代码 机打号码 机器号码	00898756002 05889915 3605011-02		密码	362/+*/3-6*90<**-22-4810*0> 416*/62+36+17964374-987+882 86<//790>*/+65-6<5+104904*/ 642>739*/62+36+84464374/0-5		
付款方名称	长江实业有限责任公司		身份证号/组织机构代码/纳税人识别号	430111407030041123		
收款方名称	长沙科隆有限公司		身份证号/组织机构代码/纳税人识别号	430112763854321021		
工程项目名称	工程项目编号	结算项目	建筑面积 室内面积 （m²）	单价 （元/m²）	金　额（元）	款项性质 1. 预售定金 2. 预售的房款 3. 购房款 4. 其他（请注明）
办公楼改造	008	建筑工程款			1 200 000.00	
合计金额（元）（大写）　壹佰贰拾万元整				¥1 200 000.00		
备注：			主管税务机关及代码	长沙市地方税务局八分局 12567		

开票人：颜文语　　开票单位签章：

长沙科隆有限公司 430112763854321021 发票专用章

第三联　记账联（付款方记账凭证）

表 8-22

建筑业统一发票（自开）

抵扣联

开票日期 2016年7月20号

发票代码 00898765003
发票号码 05998818

机打代码 机打号码 机器号码	00898756002 05889915 3605011-02		密码	362/+*/3-6*90<**-22-4810*0> 416*/62+36+17964374-987+882 86<//790>*/+65-6<5+104904*/ 642>739*/62+36+84464374/0-5		
付款方名称	长江实业有限责任公司		身份证号/组织机构代码/纳税人识别号	430111407030041123		
收款方名称	长沙科隆有限公司		身份证号/组织机构代码/纳税人识别号	430112763854321021		
工程项目名称	工程项目编号	结算项目	建筑面积 室内面积 （m²）	单价 （元/m²）	金额（元）	款项性质 1. 预售定金 2. 预售的房款 3. 购房款 4. 其他（请注明）
办公楼改造	008	建筑工程款			1 200 000.00	
合计金额（元）（大写） 壹佰贰拾万元整					¥1 200 000.00	
备注：			主管税务机关及代码	长沙市地方税务局八分局 12567		

开票人：颜文语　　开票单位签章：

第二联 抵扣联（购货方抵扣凭证）

表 8-23

中国建设银行电汇凭证（回 单）　1

□普通　□加急　委托日期 2016年7月15日　NO：12083542

付款人	全称	长江实业有限责任公司	收款人	全称	上海澳宇有限责任公司
	账号	9004500589400351234		账号	2603010208453706814
	地址	湖南 省 长沙 市/县		地址	省 上海 市/县
汇出行名称		中国建设银行五一支行	汇入行名称		农业银行上海市嘉定区黄渡支行

金额	人民币（大写）	亿	千	百	十	万	千	百	十	元	角	分
	捌拾万元整			¥	8	0	0	0	0	0	0	0

中国建设银行五一支行 2016.07.15 转讫	支付密码
汇出行签章	附加信息及用途： 复核：　记账：

表 8-24

上海增值税专用发票

3100062650　　　　№ 00126455　　3100062650 00126455

抵扣联

校验码 62172 24587 37865 34685

开票日期：2016 年 7 月 15 日

购货单位	名　　称：长江实业有限责任公司 纳税人识别号：430111407030041123 地 址、电 话：长沙市阿弥岭 58 号 0731-84672180 开户行及账号：建设银行五一支行 9005600589400351234			密码区	497/+*/3-6*90<**-22-9970*0> 416*/62+36+84464374-987+882 86<//192</415*40<5+102304*/ 642>739*/62+36+84464374/0-5			
货物或应税劳务名称	规格型号	单位	数量	单价	金额	税率	税额	
华威中央空调		台	2	341 880.34	683 760.68	17%	116 239.32	
合　　计					¥683 760.68		¥116 239.32	
价税合计（大写）	⊕捌拾万元整				（小写）¥800 000.00			
销货单位	名　　称：上海澳宇有限责任公司 纳税人识别号：310115072811740123 地 址、电 话：上海市嘉定区利枝路 5838954 开户行及账号：农行上海尚渡支行 2603010208453706814			备注	上海澳宇有限责任公司 310115072811740123 发票专用章			

收款人：　　复核：张阳　　开票人：夏冬　　销货单位：（章）

国税函〔2016〕562号北京印钞厂

第二联：抵扣联 购货方扣税凭证

表 8-25

上海增值税专用发票

3100062650　　　　№ 00126455　　3100062650 00126455

发票联

校验码 62172 24587 37865 34685

开票日期：2016 年 7 月 15 日

购货单位	名　　称：长江实业有限责任公司 纳税人识别号：4301114070300411231 地 址、电 话：长沙市阿弥岭 58 号 0731-84672180 开户行及账号：建设银行五一支行 9005600589400351234			密码区	497/+*/3-6*90<**-22-9970*0> 416*/62+36+84464374-987+882 86<//192</415*40<5+102304*/ 642>739*/62+36+84464374/0-5			
货物或应税劳务名称	规格型号	单位	数量	单价	金额	税率	税额	
华威中央空调		台	2	341 880.34	683 760.68	17%	116 239.32	
合　　计					¥683 760.68		¥116 239.32	
价税合计（大写）	⊕捌拾万元整				（小写）¥800 000.00			
销货单位	名　　称：上海澳宇有限责任公司 纳税人识别号：310115072811740123 地 址、电 话：上海市嘉定区利枝路 5838954 开户行及账号：农行上海尚渡支行 2603010208453706814			备注	上海澳宇有限责任公司 310115072811740123 发票专用章			

收款人：　　复核：张阳　　开票人：夏冬　　销货单位：（章）

国税函〔2016〕562号北京印钞厂

第三联：发票联 购货方记账凭证

表 8-26

中国建设银行五一支行业务收费凭证

2016 年 7 月 15 日

户名	长江实业有限责任公司	付款账号	9005600589400351234
费用项目	金额	币种：人民币	
手续费 邮电费 收费类型：	0.50 50.00 电汇	会计分录： 借：20109 贷：26203 贷：51101	中国建设银行五一支行 2016.7.15 转讫
合计金额	（小写）CNY50.50	(大写)人民币伍拾元伍角整	

第四联：客户回单

【业务 4】 2015 年 8 月委托一施工单位新建生产车间，2016 年 9 月 10 日对建成的生产车间办理验收手续，同时接管基建工地价值 50 万元的材料棚，一并由在建工程转入固定资产，原值合计 1100 万元，原始凭证如表 8-27 所示。

表 8-27

交付使用资产明细表

2016 年 9 日

工程项目	生产车间 2	开工日期：	2015. 8
项目		金额（万元）	
建筑工程成本		620	
征地费用		200	
可行性研究费		100	
利息支出		80	
待摊基建支出		50	
其他		50	
合计		1100	

【业务 5】 7 月 1 日将生产经营用房其中的 20%用于对外投资，不承担生产经营风险，投资期限 3 年，当年取得固定利润分红 50 万元，原始凭证如表 8-28～表 8-29 所示。

表 8-28

建设银行 进 账 单 （收账通知） 3

2016 年 12 月 31 日

收款人	全　称	湖南恒源有限责任公司	付款人	全　称	长江实业有限责任公司
	账　号	65879989875546891111		账　号	9005600589400351234
	开户银行	长沙银行高新支行		开户银行	中国建设银行五一支行

金额	人民币（大写）	伍拾万元整	亿	千	百	十	万	千	百	十	元	角	分
					¥	5	0	0	0	0	0	0	0

票据种类	转支	票据张数	1	中国建设银行五一支行 2016.12.31 转讫
票据号码				
复核：	记账：			收款人开户银行签章

此联是收款人开户银行交给收款人的收账通知

表 8-29

建设银行 进 账 单 （回　单） 1

2016 年 12 月 31 日

收款人	全　称	湖南恒源有限责任公司	付款人	全　称	长江实业有限责任公司
	账　号	65879989875546891111		账　号	9005600589400351234
	开户银行	长沙银行高新支行		开户银行	中国建设银行五一支行

金额	人民币（大写）	伍拾万元整	亿	千	百	十	万	千	百	十	元	角	分
					¥	5	0	0	0	0	0	0	0

票据种类	回单	票据张数	1	中国建设银行五一支行 2016.12.31 转讫
票据号码				
复核：	记账：			开户银行签章

此联是收款人开户银行交给持票人的回单

【业务6】 9月1日将2号办公楼50%按政府规定价格租给本企业职工居住，每月取得租金5万元，其余房产自用，其原始凭证如表8-30所示。

表 8-30

长江实业有限责任公司职工租房明细表

2016 年 6 月

姓名	金额（元）
李小华	320
张单单	170
刘　敏	430
杨利伟	260
……	……
合计	50 000

2. 填制房产税纳税申报表（见表8-31）。

表 8-31

房产税纳税申报表

税款所属期：自　　年　　月　　日至　　年　　月　　日　　填表日期：　　年　　月　　日　　金额单位：元至角分；面积单位：平方米

纳税人识别号 □□□□□□□□□□□□□□□□□□□□

纳税人信息	名称		纳税人分类	单位□　个人□
	登记注册类型	*	所属行业	*
	身份证件类型	身份证□　护照□　其他□______	身份证件号码	
	联系人		联系方式	

一、从价计征房产税

	房产编号	房产原值	其中：出租房产原值	计税比例	税率	所属期起	所属期止	本期应纳税额	本期减免税额	本期已缴税额	本期应补（退）税额
1	*										
2	*										
3	*										
4	*										
5	*										
6	*										
7	*										
8	*										
9	*										
10	*										
合计	*	*	*	*	*	*	*				

续表

二、从租计征房产税						
	本期申报租金收入	税率	本期应纳税额	本期减免税额	本期已缴税额	本期应补（退）税额
1						
2						
3						
合计		*				

以下由纳税人填写：					
纳税人声明	此纳税申报表是根据《中华人民共和国房产税暂行条例》和国家有关税收规定填报的，是真实的、可靠的、完整的。				
纳税人签章		代理人签章		代理人身份证号	
以下由税务机关填写：					
受理人		受理日期	年　月　日	受理税务机关签章	

本表一式两份，一份纳税人留存，一份税务机关留存。

训练 8-3　企业土地增值税纳税申报

训练技能

1. 能正确进行土地增值税的计算。
2. 能正确进行与土地转让及房地产开发相关业务的会计处理。
3. 能正确进行房地产企业土地增值税纳税申报表的填制与申报。

训练背景

1. 企业基本情况

纳税人名称：亚华房地产开发公司
纳税人类型：股份有限公司
法人代表人：董强
营业地址：长沙市五一西路 588 号
电话：0731-81226588
开户银行：中国建设银行五一支行
账号：9005600589400351234
税务登记号：430403000000088123
微机代码：1566228
经营范围：房地产开发、物业管理、房地产租赁
财务负责人：李强
会计：刘荣（制单），李珊（出纳），李强（审核）

2. 经济业务说明

主管税务机关核定该企业土地增值税按半年缴纳。

备用物品

1. 记账凭证：收款凭证、付款凭证和转账凭证（学生自备）。
2. 会计账簿：总分类账簿、三栏式明细分类账簿。
3. 纳税申报表：土地增值税纳税申报表。

训练要求

1. 全面复习土地增值税税法及有关土地增值税涉税业务的会计处理方法。

2. 熟悉土地增值税纳税申报程序及纳税申报表的格式及填制方法。

3. 认真、仔细聆听训练教师的讲解，不懂或难以操作的业务主动请教训练指导教师。

训练成果

1. 计算亚华房地产开发公司 2016 年 7~12 月应交的土地增值税，并进行相应会计处理

【业务 1】 2016 年 7 月 18 日经长沙市政府批准，取得土地一块，土地面积 300 000 平方米。原始凭证如表 8-32~表 8-35 所示。

表 8-32

长沙市石钞证券印制有限责任公司 · 2015年印制

中国建设银行

转账支票存根

10201320

VIV 20092680

附加信息

出票日期　2016 年 7 月 20 日

收款人：长沙市国土资源局	
金　额：¥44 200 000.00	
用　途：土地出让金	

单位主管　刘荣　　会计　王静

表 8-33

湖南省国有土地使用权出让金专用票据

收 据 联

开票日期：2016年7月20日　　　　NO：5006580

缴款单位（人）	亚华房地产开发公司														
缴款内容	出让　长沙市开发区02号　地块														
缴款金额	币种单位		十	亿	千	百	十	万	千	百	十	元	角	分	汇率
		元													
		人民币		¥	4	4	2	0	0	0	0	0	0	0	
		元													
		人民币	肆仟肆佰贰拾万元整												

长沙市国土资源局

收款单位（章）　　　　经手人：章国涛

表 8-34

长沙市石钞证券印制有限责任公司 · 2015年印制

中国建设银行
转账支票存根
10201320
VIV 20092680

附加信息

出票日期 2016 年 7 月 20 日

收款人：长沙市国土资源局	
金 额：¥54 000.00	
用 途：土地登记费	

单位主管 刘荣 会计 王静

表 8-35

湖南省政府非税收入统一票据

收 据 联

No:00765312

填制日期：2016 年 7月 20 日　　　　执收款单位名称：

缴 款 人：亚华房地产开发公司　　　　执收款单位编码：

项目编码	项目名称	单位	数量	收费标准	金额（元）
012	土地登记费	m^2	300 000	0.18元/m^2	54 000
人民币（大写）伍万肆千元整			（小写）¥54 000		

校验码 007720　　制单：王小明　　执收单位（盖章）

【业务 2】 2016 年 8 月 18 日，将上述土地 50 000 平方米的土地使用权，直接转让给湖南湘宸有限公司，原始凭证如表 8-36～表 8-38 所示。

表 8-36

建设银行 进 账 单（收账通知） 3

2016 年 8 月 8 日

收款人	全　称	湖南湘宸有限公司	付款人	全　称	亚华房地产开发公司
	账　号	7856989875546891111		账　号	99005600589400351234
	开户银行	建行长沙芙蓉路支行		开户银行	中国建设银行五一支行
金额	人民币（大写）玖佰捌拾万元整				亿 千 百 十 万 千 百 十 元 角 分 ¥ 9 8 0 0 0 0 0 0 0
票据种类	转支	票据张数	1		中国建设银行五一支行 2016.08.08 转讫
票据号码					
	复核：　记账：				收款人开户银行签章

此联是收款人开户银行交给收款人的收账通知

表 8-37

建设银行 进 账 单（回　单） 1

2016 年 8 月 8 日

收款人	全　称	湖南湘宸有限公司	付款人	全　称	亚华房地产开发公司
	账　号	7856989875546891111		账　号	99005600589400351234
	开户银行	建行长沙芙蓉路支行		开户银行	中国建设银行五一支行
金额	人民币（大写）玖佰捌拾万元整				亿 千 百 十 万 千 百 十 元 角 分 ¥ 9 8 0 0 0 0 0 0 0
票据种类	回单	票据张数	1		中国建设银行五一支行 2016.08.08 转讫
票据号码					
	复核：　记账：				开户银行签章

此联是收款人开户银行交给持票人的回单

表 8-38

应交税费计算表

单位名称亚华房地产开发公司　　2016 年 8 月 18 日　　单位：元

税种、税目	计税依据		适用税率	应交税费	备　注
	项　目	金　额			
增值税	税金及附加	9 800 000	5%	490 000	
城建税	应交增值税	490 000	7%	34 300	
教育费附加	应交增值税	490 000	3%	14 700	
印花税		9 800 000	5‰	49 000	
合　计				588 000	

复核：黄丽　　制单：李强

【业务 3】 8 月 18 日按照市政府相关文件，银巷水晶城住宅区项目上缴城建局建筑质量监督费，上交城管局建筑垃圾处置费。原始凭证如表 8-39～表 8-42 所示。

表 8-39

湖南省政府非税收入统一票据

收 据 联　　No:0096322

填制日期：2016 年 8 月 18日　　执收款单位名称：长沙市城市建设局

缴 款 人：亚华房地产开发公司　　执收款单位编码：63040000056884

项目编码	项目名称	单　位	数　量	收费标准	金额（元）
062	建筑质量监督费	工程量	88 000 000.00	7%	176 000.00
人民币（大写）壹拾柒万陆仟元整			（小写）¥176 000.00		

校验码　007015　　制单：李萍　　执收单位（盖章）

表 8-40

湖南省政府非税收入统一票据
收 据 联

No:

填制日期：2016年 8月 18 日　　　　执收款单位名称：长沙市城市管理局

缴 款 人：亚华房地产开发公司　　　　执收款单位编码：630400065865

项目编码	项目名称	单　位	数　量	收费标准	金额（元）
056	建筑垃圾处理费	吨	800	30.00/吨	24 000.00
人民币（大写）贰万肆仟元整			（小写）		

长沙市国土资源局

校验码　0009560　　　制单：　王丹　　　执收单位（盖章）

表 8-41

长沙市石钞证券印制有限责任公司 · 2015年印制

中国建设银行
转账支票存根
10201320
VIV 20092680

附加信息

出票日期　2016 年 8 月 20 日

收款人：长沙市城市管理局

金　额：¥176 000.00

用　途：建筑质量监督费

单位主管　刘荣　　会计　王静

表 8-42

长沙市石钞证券印制有限责任公司 · 2015年印制

中国建设银行
转账支票存根
10201320
VIV 20092680

附加信息

出票日期　2016 年 8 月 20 日

收款人：长沙市城市管理局

金　额：¥24 000.00

用　途：建筑垃圾处置费

【业务 4】 1 月 5 日至 9 月 30 日分 4 次支付给中建五局第四建设公司建筑工程款，共计 7120 万元，其原始凭证如表 8-43~表 8-45 所示。

表 8-43

长沙市石钞证券印制有限责任公司 · 2015年印制

中国建设银行
转账支票存根
10201320
VIV 20092682

附加信息

出票日期　2016 年9月 30 日

收款人：中建五局第四建设分局	
金　额：¥10 000.00	
用　途：工程款	

单位主管　刘荣　　会计　王静

表 8-44

建筑业统一发票（自开）

发票联

全国统一发票监制章 湖南 国家税务总局监制

开票日期 2016年9月30号

发票代码 0065667654002
发票号码 06988856

机打代码 机打号码 机器号码	0078765005 06998818 3604011-25		密码	362/+*/3-6*90<**-22-4810*0> 416*/62+36+17964374-987+882 86<//790>*/+65-6<5+104904*/ 642>739*/62+36+84464374/0-5		
付款方名称	亚华房地产开发公司		身份证号/组织机构代码/纳税人识别号	430403000000088420123		
收款方名称	中建五局第四建设公司		身份证号/组织机构代码/纳税人识别号	430111763255388566		
工程项目名称	工程项目编号	结算项目	建筑面积 室内面积 （m²）	单价（元/m²）	金额（元）	款项性质 1. 预售定金 2. 预售的房款 3. 购房款 4. 其他（请注明）
银巷水晶城	016	建筑工程款			71 200 000.00	
合计金额（元）（大写）柒仟壹佰贰拾万元整					¥71 200 000.00	
备注：			主管税务机关及代码	长沙市地方税务局直属分局		

中建五局第四建设公司 430111763255388566 发票专用章

开票人：　　　　开票单位签章：

第三联　发票联（付款方记账凭证）

表 8-45

建筑业统一发票（自开）

抵扣联

开票日期 2016年9月30号　　发票代码 0065667654002　　发票号码 06988856

机打代码 机打号码 机器号码	0078765005 06998818 3604011-25	密码	362/+*/3-6*90<**-22-4810*0> 416*/62+36+17964374-987+882 86<//790>*/+65-6<5+104904*/ 642>739*/62+36+84464374/0-5
付款方名称	亚华房地产开发公司	身份证号/组织机构代码/纳税人识别号	430403000000088420123
收款方名称	中建五局第四建设公司	身份证号/组织机构代码/纳税人识别号	430111763255388566

工程项目名称	工程项目编号	结算项目	建筑面积室内面积（m²）	单价（元/m²）	金额（元）	款项性质 1. 预售定金 2. 预售的房款 3. 购房款 4. 其他（请注明）
银巷水晶城	016	建筑工程款			71 200 000.00	
合计金额（元）（大写）	柒仟壹佰贰拾万元整				¥71 200 000.00	
备注：				主管税务机关及代码	长沙市地方税务局直属分局	

开票人：　　开票单位签章：中建五局第四建设公司 430111763255388566 发票专用章

第二联 抵扣联（购货方抵扣凭证）

【业务 5】 根据公司成本费用明细账记录，住宅区项目开发费用合计 76.3 万元，原始凭证如表 8-46 所示。

表 8-46

银巷水晶城项目开发费用

2016 年 12 月 28 日　　单位：元

顺号	费用项目	会计科目	金额	备注
1	工资薪金	开发间接费用	200 000.00	
2	职工福利费	开发间接费用	28 000.00	
3	折旧费	开发间接费用	30 000.00	
4	修理费	开发间接费用	10 000.00	
5	办公费	开发间接费用	55 000.00	
6	水电费	开发间接费用	120 000.00	
7	劳动保护费	开发间接费用	20 000.00	
8	周转房摊销费	开发间接费用	300 000.00	
合计			763 000.00	

亚华房地产开发公司 财务专用章

【业务6】 2016年12月30日集团公司向建设银行长沙市五一路支行借入资金3 000万元，年利率6%，借款期限2年，按年付息，作为银巷水晶城项目的开发资金。原始凭证如表8-47所示。

表8-47

长短期借款明细分类账

银行名称：建设银行长沙市五一 路支行　　　　单位：万元

日期			凭证号码	摘要	借款类别	抵押品内容	约定偿还日期	利率	借款金额	偿还金额	结余金额
年	月	日									
14	12	30	5	银行存款	长期	土地使用权	2016.12.30	6%	3000		3000
16	12	30	28	偿还本金						3000	0

【业务7】 12月25日银巷水晶城项目完工，该项目管理费用62万元，经营费用128万元，财务费用8万元（不含利息支出），其原始凭证如表8-48～表8-49所示。

说明：银巷水晶城项目位于星沙漓江路8号。从开始建设到完工共签订建筑承包合同一份，合同金额7120万元，该项目已全部签订房地产销售合同共计150份，合同金额合计18 000万元。该项目为取得土地使用权支付金额2 600万元。

表8-48

2016年三项期间费用分摊计算表

2015年 12月30日　　　　单位：元

项目名称	管理费用	营业费用	财务费用	分摊金额合计
银巷水晶城	620 000.00	1 280 000.00	80 000.00	1 980 000.00
天宝花园	350 000.00	900 000.00	50 000.00	1 300 000.00
水木年华	540 000.00	1 100 000.00	60 000.00	1 700 000.00
合　计	1 510 000.00	3 280 000.00	1 900 000.00	4 980 000.00

表8-49

应交税费计算表

单位名称亚华房地产开发公司　　2016年12月31日　　单位：万元

税种、税目	计税依据		适用税率	应交税费	备注
	项目	金额			
增值税	税金及附加	18000	5%	900	
城建税	应交增值税	900	7%	63	
教育费附加	应交增值税	900	3%	27	
合计		19800		990	
		复核：黄丽		制单：李强	

2. 填制土地增值税纳税申报表（见表8-50）。

表 8-50

土地增值税纳税申报表（一）
（从事房地产开发的纳税人预征适用）

税款所属时间：　年　月　日至　年　月　日　　　　填表日期：　年　月　日

项目名称：　　　　　　项目编号：　　　　　　金额单位：元至角分；面积单位：平方米

纳税人识别号 □□□□□□□□□□□□□□□□□□□□

房产类型	房产类型子目	收入				预征率（%）	应纳税额	税款缴纳	
		应税收入	货币收入	实物收入及其他收入	视同销售收入			本期已缴税额	本期应缴税额计算
	1	2=3+4+5	3	4	5	6	7=2×6	8	9=7-8
普通住宅									
非普通住宅									
其他类型房地产									
合计	—					—			
以下由纳税人填写：									
纳税人声明	此纳税申报表是根据《中华人民共和国土地增值税暂行条例》及其实施细则和国家有关税收规定填报的，是真实的、可靠的、完整的。								
纳税人签章			代理人签章			代理人身份证号			
以下由税务机关填写：									
受理人			受理日期		年　月　日	受理税务机关签章			

本表一式两份，一份纳税人留存，一份税务机关留存。

表 8-51

土地增值税纳税申报表（二）

（从事房地产开发的纳税人清算适用）

税款所属时间： 年 月 日至 年 月 日　　填表日期： 年 月 日　　金额单位：元至角分　　面积单位：平方米

纳税人识别号 □□□□□□□□□□□□□□□□□□□□

纳税人名称		项目名称		项目编号		项目地址	
所属行业		登记注册类型		纳税人地址		邮政编码	
开户银行		银行账号		主管部门		电　话	
总可售面积				自用和出租面积			
已售面积		其中：普通住宅已售面积		其中：非普通住宅已售面积		其中：其他类型房地产已售面积	

项目		行次	金额			
			普通住宅	非普通住宅	其他类型房地产	合计
一、转让房地产收入总额　1=2+3+4		1				
其中	货币收入	2				
	实物收入及其他收入	3				
	视同销售收入	4				
二、扣除项目金额合计　5=6+7+14+17+21+22		5				
1．取得土地使用权所支付的金额		6				
2．房地产开发成本　7=8+9+10+11+12+13		7				
其中	土地征用及拆迁补偿费	8				
	前期工程费	9				
	建筑安装工程费	10				

续表

项目			行次	金额			
				普通住宅	非普通住宅	其他类型房地产	合计
其中	基础设施费		11				
	公共配套设施费		12				
	开发间接费用		13				
3．房地产开发费用　14=15+16			14				
其中	利息支出		15				
	其他房地产开发费用		16				
4．与转让房地产有关的税金等　17=18+19+20			17				
其中	营业税		18				
	城市维护建设税		19				
	教育费附加		20				
5．财政部规定的其他扣除项目			21				
6．代收费用			22				
三、增值额　23=1−5			23				
四、增值额与扣除项目金额之比（%）24=23÷5			24				
五、适用税率（%）			25				
六、速算扣除系数（%）			26				
七、应缴土地增值税税额　27=23×25−5×26			27				
八、减免税额　28=30+32+34			28				
其中	减免税（1）	减免性质代码（1）	29				
		减免税额（1）	30				

续表

<table>
<tr><td colspan="3" rowspan="2">项　目</td><td rowspan="2">行次</td><td colspan="4">金　额</td></tr>
<tr><td>普通住宅</td><td>非普通住宅</td><td>其他类型房地产</td><td>合计</td></tr>
<tr><td rowspan="4">其中</td><td rowspan="2">减免税（2）</td><td>减免性质代码（2）</td><td>31</td><td></td><td></td><td></td><td></td></tr>
<tr><td>减免税额（2）</td><td>32</td><td></td><td></td><td></td><td></td></tr>
<tr><td rowspan="2">减免税（3）</td><td>减免性质代码（3）</td><td>33</td><td></td><td></td><td></td><td></td></tr>
<tr><td>减免税额（3）</td><td>34</td><td></td><td></td><td></td><td></td></tr>
<tr><td colspan="3">九、已缴土地增值税税额</td><td>35</td><td></td><td></td><td></td><td></td></tr>
<tr><td colspan="3">十、应补（退）土地增值税税额　36=27-28-35</td><td>36</td><td></td><td></td><td></td><td></td></tr>
<tr><td colspan="8">以下由纳税人填写：</td></tr>
<tr><td>纳税人声明</td><td colspan="7">此纳税申报表是根据《中华人民共和国土地增值税暂行条例》及其实施细则和国家有关税收规定填报的，是真实的、可靠的、完整的。</td></tr>
<tr><td>纳税人签章</td><td></td><td>代理人签章</td><td></td><td>代理人身份证号</td><td colspan="3"></td></tr>
<tr><td colspan="8">以下由税务机关填写：</td></tr>
<tr><td>受理人</td><td></td><td>受理日期</td><td>年　月　日</td><td>受理税务机关签章</td><td colspan="3"></td></tr>
</table>

本表一式两份，一份纳税人留存，一份税务机关留存。

课后谈税

营改增后，纳税人转让房地产的土地增值税应税收入不含增值税。适用增值税一般计税方法的纳税人，其转让房地产的土地增值税应税收入不含增值税销项税额；适用简易计税方法的纳税人，其转让房地产的土地增值税应税收入不含增值税应纳税额。

项目 9　企业涉税文书写作

训练 9-1　企业减免税申请

训练技能

1. 熟悉减免税种类和办理的条件、程序。
2. 能根据企业基本情况撰写减免税申请审批表，办理减免税申请工作。

训练背景

企业名称：顺德富强有限责任公司
开户银行：广发银行顺德分行
账号：430528986116867423
公司地址：广东省顺德市白沙路 158 号
办公电话：0757-35465657
邮政编码：528000
纳税人识别码：430104558763318222
办税人：安娜
注册资本：2000 万元
企业类型：有限责任公司
经营范围：笔记本电脑的生产与销售
生产经营日期：2008 年 8 月 8 日至 2028 年 8 月 8 日
申请减免税种：企业所得税

申请减免税的理由：2017 年 4 月 18 日，广东省顺德市遭遇龙卷风，公司仓库地势较低，仓库进水，库存笔记本电脑受潮，基本全部报废，企业资金运转非常困难。

训练程序

企业（所得税）减免税审批流程如图 9-1 所示。

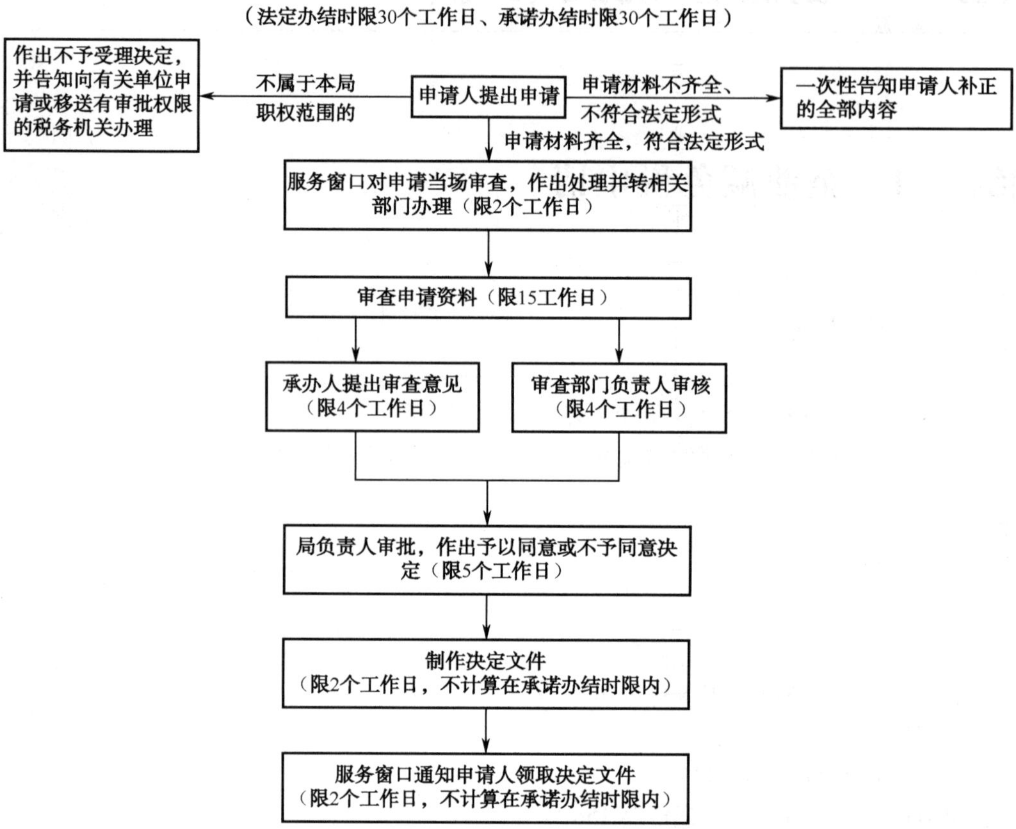

图 9-1　企业（所得说）减免税审批流程

备用物品

水笔、发票专用章或财务专用章等相关印章。

训练要求

全面复习《税法》《基础会计》《经济法》《经济应用文写作》中有关税收基本知识，以及《税收管理》中有关税收减免优惠政策等基本规定。

训练成果

完成减免税申请审批表的填写（见表 9-1）。

表 9-1

纳税人减免税申请审批表

纳税人识别号		生产经营地址		邮政编码	
纳税人名称		办税人员		联系电话	
注册登记类型		开业日期		生产经营期限	年 月 日至 年 月 日
经营范围					

已享受减免税优惠情况

	文书凭证序号	税种	适用税率	减免种类	减免原因	减免退方式	所属时期起	所属时期止	税额	余额
1										
2										

企 业 欠 税 情 况

	税　种	所属时期起	所属时期止	税　额（幅度）	欠 税 原 因
1					
2					

减 免 税 申 请 情 况

申请减免税种		第一次获利时间	

企业申请减免税理由：

（签章）

负责人：　　办税人：　　时间：　年　月　日

	减免原因	减免种类适用税率	适用税率	减免退方式	幅度/额度/税率	所属时期起	所属时期止
1							
2							
3							

批准减免税情况

	税　种	减免原因	减免种类	适用税率	减免退方式	幅度/额度/税率	所属时期起	所属时期止
1								
2								
3								

主管税务机关： （签章） 经办人： 负责人：　　年　月　日	县（区）国税局： （签章） 经办人： 负责人：　　年　月　日
地（市）国税局： （签章） 经办人： 负责人：　　年　月　日	省国税局： （签章） 经办人： 负责人：　　年　月　日

训练 9-2　企业延期申报申请

训练技能

1. 熟悉延期申报种类和办理的条件、程序。
2. 能根据企业基本情况撰写延期申报申请审批表，为企业办理延期申报申请工作。

企业概况

企业名称：富强米业有限责任公司
开户银行：浦发银行白沙支行
账号：430528986116867423
公司地址：湖南省长沙市黄兴镇白沙路 158 号
办公电话：0731-86666668
邮政编码：410000
纳税人识别码：430104353474539123
办税人：王琨
注册资本：500 万元
企业类型：有限责任公司
经营范围：水稻种植、大米加工与销售
生产经营日期：2005 年 3 月 4 日至 2025 年 3 月 4 日
申请延期申报税种：增值税
申请延期申报税款所属期限：2017 年 2 月 1 日至 2017 年 2 月 29 日

申请减免税的理由：2017 年 2 月 25 日，财务室人员下班离开前忘记关烤火器开关，导致电路起火，财务室内有关纳税申报的涉税资料全部烧毁，根据实际情况，公司 2017 年 2 月份的增值税申报工作无法按期完成。

备用物品

水笔、发票专用章或财务专用章等相关印章。

训练要求

全面复习《税法》《基础会计》《经济法》《经济应用文写作》中有关税收基本知识，以及《税收管理》中有关延期申报申请的基本规定。

训练成果

完成延期申报申请审批表的填写（见表9-2）。

表9-2

延期申报申请审批表

年　月　日　　　电话：

<table>
<tr><td>纳税人名称
（盖章）</td><td colspan="3"></td><td colspan="2">纳税人识别号</td><td colspan="2"></td></tr>
<tr><td rowspan="4">申请情况</td><td colspan="2">申报税种</td><td colspan="2">所属时期起</td><td colspan="2">所属日期止</td><td>申请延期止</td></tr>
<tr><td colspan="2"></td><td colspan="2"></td><td colspan="2"></td><td></td></tr>
<tr><td colspan="2"></td><td colspan="2"></td><td colspan="2"></td><td></td></tr>
<tr><td colspan="2"></td><td colspan="2"></td><td colspan="2"></td><td></td></tr>
<tr><td>申请理由</td><td colspan="7"></td></tr>
<tr><td rowspan="6">税务机关
核准</td><td>税种</td><td>核定方式</td><td>计算过程</td><td colspan="2">准予延期日止</td><td>核定应纳税额</td><td>限缴日期</td></tr>
<tr><td></td><td></td><td></td><td colspan="2"></td><td></td><td></td></tr>
<tr><td></td><td></td><td></td><td colspan="2"></td><td></td><td></td></tr>
<tr><td></td><td></td><td></td><td colspan="2"></td><td></td><td></td></tr>
<tr><td colspan="2">税务分局（所·科）意见</td><td colspan="3">计划征收科审核意见</td><td colspan="2">县局负责人审核意见</td></tr>
<tr><td colspan="2">经办人：
负责人：
（签章）
年　月　日</td><td colspan="3">经办人：
负责人：
（签章）
年　月　日</td><td colspan="2">经办人：
负责人：
（签章）
年　月　日</td></tr>
</table>

注：本表一式三份，纳税人一份，税务机关两份。

训练 9-3　企业税务行政复议申请

训练技能

1. 熟悉税务行政复议种类和办理的条件、程序。
2. 根据企业基本情况撰写税务行政复议申请，为企业办理税务行政复议工作。

企业概况

企业名称：清源茶业有限责任公司
开户银行：交通银行开福支行
账号：430213486789064467
公司地址：湖南省长沙市开福寺路 398 号
办公电话：0731-83829475
邮政编码：410008
纳税人识别码：430104567843241333
办税人：余红
注册资本：300 万元
企业类型：有限责任公司
经营范围：茶叶销售
生产经营日期：2007 年 1 月 15 日至 2027 年 1 月 15 日

清源茶业有限责任公司于 2014 年 1 月 1 日与长沙市工人文化宫签订了《房屋租赁合同》，整体承租工人文化宫门面 8 间，租期为 2014 年至 2016 年共 3 年整，3 年租金共计 120 万元。因茶叶销售不景气，清源公司将其中 4 间门面转租给其他公司，每年获得租金收入 30 万元。工人文化宫获得的租金收入之相关税款已由该单位缴清，清源茶业公司转租行为所涉税款 30 万元，未申报缴纳，也未办税务登记，该合同已全部履行。该市地方税务局开展日常税收检查，于 2017 年 1 月 8 日对申请人送达了《责令限期改正通知书》责令申请人于 2017 年 1 月 15 日前到该市地方税务局办税服务厅办理纳税申报，申请人收到该文书后，于 2017 年 3 月 5 日向该市地方税务局提出复议申请，以不是纳税主体，房屋租赁合同为无效合同等为由，要求撤销《责令限期改正通知书》。

备用物品

水笔、发票专用章或财务专用章等相关印章。

训练要求

全面复习《税法》《基础会计》《经济法》《经济应用文写作》中有关税收的基本知识，以及《税收管理》中有关税务行政复议的基本规定。

训练成果

完成税务行政复议申请的填写（见表 9-3）。

表 9-3

税务行政复议申请书

申请人（自然人）：姓名：	年龄：	性别：
住址：	电话：	
法人（法人或其他组织）：名称：		住址：
法定代表人或主要负责人姓名：	职务：	
委托代理人：姓名：	住址：	电话：
被申请人：名称：	住址：	
行政复议请求：		
事实和理由：		
此致		
（税务行政复议机关名称）		
		申请人：（签名或盖章）
		年　月　日

注：1. 复议申请书应一式两份，被申请人是两个以上的，每增加一个，应增加一份。

2. 申请复议的理由主要陈述原处理决定主要事实认定不清楚，证据不足，适用法律、法规不正确，处罚处理不当，程序违法等问题。

训练 9-4　企业税务行政赔偿申请

训练技能

1. 熟悉税务行政赔偿种类和办理的条件、程序。
2. 根据企业基本情况撰写税务行政赔偿申请，为企业办理税务行政赔偿工作。

企业概况

企业名称：湖南省望城县八一农村信用合作社
企业地址：湖南省望城县八一大道 66 号
办公电话：0731-84537484
邮政编码：410012
纳税人识别码：430104342578907666
办税人：张雨
注册资本：10000 万元
企业类型：国有企业
经营范围：各类存款、贷款、国内外结算、票据承兑、贴现等
生产经营日期：2000 年 3 月 4 日至 2020 年 3 月 4 日

望城县八一农村信用合作社 2015 年 12 月底各项贷款余额为 3100 万元，减去待处理抵贷资产 100 万元为 3000 万元，依相关文件规定，可按 1%的比例计提坏账准备金 30 万元，减去上年底坏账准备金余额 20 万元，2015 年应提为 10 万元，实提 15 万元，多提 5 万元。税前已自行调整 5.94 万元，实际少提 0.94 万元。

望城县国家税务局下属单位望城县税务稽查局于 2016 年 5 月 28 日作出了（2009）湘国税处字第 011 号《税收处理决定书》（以下简称“决定书”）。2016 年 10 月 13 日，望城县税务稽查局通过农业银行望城县支行扣划申请人税款 2 万元、滞纳金 1 万元。

望城县八一农村信用合作社不服该具体行政行为，2016 年 11 月 28 日向长沙市国家税务局依法提起行政复议，该局审理后于 2017 年 1 月 10 日做出了湘国税复决字［2010］第 8 税务行政复议决定书，决定“撤销望城县国税局于 2016 年 5 月 28 日做出的（2009）湘国税处字第 011 号税务处理决定书，退还所扣交该社的所得税税款 2 万元和罚款 1 万元，合计 3 万元。”

望城县八一农村信用合作社依据《中华人民共和国税收征收管理法》（2001 年 5 月 1 日实施）第 51 条和《中华人民共和国国家赔偿法》第 4 条、第 6 条和第 28 条的规定，于 2017 年 1 月 28 日提出赔偿申请，要求：

（1）依法返还强制扣缴的税款及罚款 3 万元。

（2）依法赔偿申请人按照银行同期存款利率孳生的利息 0.5 万元。